Tom Standage

湯姆・斯丹迪奇

譯——范堯寬、林麗冠

經濟學人109個世界常識

藏在5G通訊、
表情符號和酒杯尺寸背後的祕密

The Facts and Figures that
Turn Our World Upside Down

SERIOUSLY CURIOUS

目錄 CONTENTS

PART
TWO
全球好奇：各國讓人大開眼界的常識

PART

THREE

性的選擇：愛情、性愛與婚姻的常識

PART

FOUR

菜單上的秘密：有所不知的食物與飲料的常識

PART

FIVE

數據為證：與經濟和真相有關的常識

PART

SIX

身著實驗衣的部門：
攸關環境、科學與健康的常識

PART

SEVEN

技客開講：與科技相關的常識

PART
EIGHT
比賽的理論：運動與休閒的常識

PART
NINE
說文解字：語言與文化的常識

PART
TEN
季節嚴選：破解佳節與慶典迷思的常識

前言　止不住好奇的理由

是什麼能將警探、科學家、經濟學家、記者和貓連結起來？當然是好奇心。他們全都想更進一步探索這個世界。但驅使他們心生好奇的，不僅是極欲了解事理的渴望，還有怎麼解釋事情會變這樣的潛在機制，經由這些就能夠期望、預測或解釋未來的事件。警探想要揭露人們的動機和解決犯罪，科學家想要成立新的理論好加深對現實的理解，經濟學家想要改進支撐人類社會活動的交易，記者想要創造能幫助人們理解時事的敘事，貓咪想要提高攫取更多烤雞的機會。

他們都不斷收集證據、設計理論和測試新管道以追求其目標。在全部領域中，好奇心不只有用——還極重要。發現未知的新事物是一種意願，實際上更是一種渴望。難怪英國政治哲學家湯瑪斯·霍布斯（Thomas Hobbes）稱之為「心靈的慾望」（the lust of the mind）。好奇心激發人們突破已知的疆域，收集更多用來分析的原料。

唉，資訊導向、以證據為主的世界觀已逐漸沒落。在「後真實」世界中，知識被蔑視，事實是可選擇的（或者可以被「另類事實」挑戰），現實情況可能被扭曲或忽視。但極度好奇的人知道，從長遠來看，現實情況將永居上風。好奇心引導人們更準確地了解世界；只有毫無好奇心的人，才會對扭曲又不準確的世界觀持續一無所感，如此方能與挑戰他們觀點的證據隔開。好奇心是通往真理的捷徑。

因此，本書以其有限的方式，捍衛好奇心、證據和理性的力量。它從《經濟學人》製作的解惑文章與每日圖表，匯集意想不到的解釋和引人入勝的事實，目的是透過一連串有趣的例子，顯示邏輯和資料如何闡明那些使世界按照現有方式運作的隱藏機制。為什麼網球選手要吼叫？為什麼一夫多妻制更容易引爆內戰？酪梨與犯罪之間有什麼關聯？為什麼沙子會短缺？用來開採頁岩油的水力壓裂法如何提高出生率？

這些問題個個都是微型的神秘故事，每個問題都邀請你設想自己的解釋，就如同抵達犯罪現場的警探一樣。（你現在可能對那些酪梨嫌犯感到好奇。）先以一、兩段文字介紹事情背景，接著提供解釋，讓人豁然開朗——或者令人滿意的是，你發現自己的理論確實是正確答案，而且對於世界何以運作得更好，你現在已經比之前更了解其中一二。

我們希望這個系列能夠刺激並滿足你的好奇心。你正在閱讀本書，而且特地從頭到尾看完這篇前言，這項事實讓你跟警探、科學家與貓咪一起加入極度好奇者的行列。歡迎來到這個俱樂部。

湯姆·斯丹迪奇（Tom Standage），《經濟學人》副總編輯

2018年7月

PART ONE

極端好奇：

讓你我增廣見聞的常識

Q 為什麼一夫多妻制更容易引爆內戰？

（1）光棍王老五怒打高富帥
（2）男性欲求不滿導致暴力滋長
（3）新娘短缺，聘禮漲到只能鋌而走險
（4）搶錢、搶糧、搶娘們

——答案詳見P.16

Q 為什麼鑽石那麼貴？

（1）產量不足，物以稀為貴
（2）大廠壟斷市場，能任意定價
（3）合成鑽石的品質不如天然鑽石
（4）廣告宣傳促成高檔消費需求

——答案詳見P.26

01 為什麼一夫多妻制更容易引爆內戰？

無論一夫多妻制在哪裡盛行，往往都會導致動亂；世界上二十個最脆弱的國家，全都局部或極度盛行一夫多妻制。一夫多妻制的國家更有可能入侵鄰國。海地和印尼施行一夫多妻的地區最為動盪；在南蘇丹，因內戰之故約有40%的婚姻是一夫多妻。倫敦經濟學院（London School of Economics）一項研究發現，一夫多妻與內戰之間有強大的連結。為什麼？

一夫多妻制總是牽涉到妻妾成群的富人，如果前10%最富有的男人都娶四個老婆，那麼最窮的30%男人根本結不了婚，往往使他們不僅在性方面受挫，社交上也被邊緣化。在許多傳統社會，男人要娶妻生子才會被視為成年人，為娶得美嬌娘，通常必須支付「聘禮」給女方的父親。當新娘因一夫多妻而短缺時，聘禮便會大漲。在南蘇丹，聘金可能是三十至三百頭牛——對缺少教育的年輕人來說，幾乎不可能以合法方式賺得這麼多頭牛。

許多單身男子絕望之際，不惜鋌而走險，以便弄到一個老婆。在南蘇丹，他們持槍從隔壁部落偷牛；很多人在此類劫盜事件中喪生，許多氏族血仇由此產生。沒錢討老婆的年輕單身漢也很容易成為叛軍招募的新兵——如果他們去打仗，就可以掠奪；有了戰利品，就可以結婚。在2017年出版的一篇論文中，德州農工大學（Texas A&M University）的薇樂莉・哈德森（Valerie Hudson）和耶魯大學的希拉莉・馬菲斯（Hilary Matfess）發現，年輕人很容易參與具有政治目的的組織團體暴力，高昂的聘禮是一個「關鍵」因素。聖戰組織也利用這一點。巴基斯坦虔誠軍（Lashkar-e-Taiba）2008年對孟買襲擊，造成一百六十六人死亡，其中一名成員說，他加入該組織是因為它承諾會付錢讓他的手足結婚。埃及的激進伊斯蘭組織也為成員安排婚姻（一併付費）。在一夫多妻制盛行的尼日北部，博科聖地（Boko Haram）仍會為成員安排費用低廉的婚姻。

以全球來看，一夫多妻制正逐漸衰退，但在某些地區，支持者不減反增。2015年美國最高法院裁定同性婚姻合法之後，有些人主張多配偶婚姻應該是下一個合法化的目標。根據民意調查公司蓋洛普（Gallup），在美國，認為一夫多妻制於道德上可接受的人數比例，從2006年的5%上升到去年的17%，這是蓋洛普追蹤的主題中最引人注目的躍升幅度之一。吉爾吉斯、土庫曼和其他中亞國家的運動倡導者正在尋求重新確立男性擁有多妻的權利。在哈薩克，一夫多妻制合法化的法案在2008年失敗，因為一位女議員堅持同時納入一妻多夫合法化的修正案。倡導者聲稱，一夫多妻制能讓性慾旺盛的丈夫有合法的替代方式來避免不忠行為，藉此促進社會和諧。但是南蘇丹、阿富汗和尼日北部等地的混亂顯示，情況正好相反。

02 為什麼沙子短缺？

各國對沙子的需求甚殷。在世界某些地方，人們不計一切要把這種「金粒子」弄到手。印度的「沙子黑手黨」（sand mafia）會恫嚇當地人以便開採和運輸沙子；在摩洛哥和加勒比海地區，小偷則把海灘的沙子搬光。儘管不可能計算被非法開採的沙子有多少，沙子是世界上最常被開採的材料。根據聯合國環境規劃署（UNEP）的資料，沙子和礫石佔全球每年開採項目的85%。

現代城市是用沙子建造的，而且經常在沙地上建造，其中大部分用於建築業以製造混凝土和瀝青。因此亞洲消耗最多沙子也就不足為奇了，光是中國就佔世界需求的一半，這反映出中國建築業的快速發展：根據美國地質調查局，從2011年到2013年，中國使用的混凝土（六十六億噸）比美國在整個二十世紀的使用量（四十五億噸）還多。沙子也有工業用途：它能製造玻璃、電子產品，並協助在水力壓裂產業中開採石油。

大量沙子被用來填海造地，例如新加坡自1960年代起，便以這種方式將土地面積擴大20%以上；馬爾地夫和吉里巴斯用沙子來支撐自己的島嶼，防止海平面上升。聯合國預測，到2030年，擁有一千多萬居民的「巨型城市」將超過四十個（2016年為三十個），這意味著需要建造更多的房屋和基礎建設。此外，由於海平面將繼續上升，因此沙子只會變得更供不應求。

感覺上沙子很多，為什麼會短缺？問題在於沙漠裡的沙子形狀太圓滑，不符合大多數的商業用途。因此澳洲的沙子被運往遙遠的沙漠，以建造杜拜的哈里發塔（Burj Khalifa tower）。大多數國家對開採沙子的地點和數量設有規定，但是在許多快速發展的國家，旺盛的需求助長了利潤豐厚的非法貿易，導致現有礦床的開採比大自然補充的速度還快，進而破壞了環境。挖掘沙子造成污染，並損害當地生物的多樣性，變窄的海岸線則影響海灘緩解暴風雨釀災的能力。

幸運的是，沙子有替代品：瀝青和混凝土可回收利用，房屋可用稻草和木材建造，泥土可用於填海。在富裕國家，政府鼓勵改用替代品。例如，根據英國礦產品協會（Mineral Products Association），2014年英國所使用的建材中，有近三分之一被回收利用。新加坡準備仰賴荷蘭的專業技術進行下一個填海計畫，該計畫包含堤壩系統，不太仰賴沙子。在較貧窮的國家，隨著沙子價格上漲，建築商也可能會改用其他建材，但除非執法有所改善，否則這會是一個非常緩慢的過程，沙子短缺的情況將持續存在。

03 鞋帶為什麼會自行鬆開？

從橋梁到電腦晶片，工程設計為人類帶來重大好處，不過想要製造出一條不會鬆開的鞋帶依然困難。部分原因是沒有人真正清楚繫好的鞋帶為什麼會自行鬆開，但現在人類知識中的這個重大缺口已經填補起來。加州大學柏克萊分校的三位工程師克里斯多佛．戴利—戴爾蒙德（Christopher Daily-Diamond）、克莉絲汀．葛蕾格（Christine Gregg）和奧利弗．歐萊利（Oliver O'Reilly）已經研究出解開鞋帶蝴蝶結的機制。他們終於解開鞋帶為何會自行鬆脫的謎團。

從技術上講，鞋帶蝴蝶結是一種活結，本質屬於平結。一如傳統的平結，蝴蝶結很容易被誤認為是「祖母結」（granny knot），而祖母結比真正的平結更容易解開。但即使是用真正的平結來繫鞋帶，最終也會鬆開而必須重新繫好。那是因為行走包含兩個機械過程，會對鞋帶結施加力量，一個是腿部的前後運動，另一個是鞋子接觸地面產生的衝擊。戴利—戴爾蒙德先生、葛蕾格女士和歐萊利博士進行的初步實驗顯示，這兩個過程中的哪一個都不足以鬆開鞋帶，只有兩者同時作用才可能做到。所以他們必須設計一些實驗來測量和紀錄某人實際行走時發生的情況。這裡的「某人」是葛蕾格女士，她在跑步機上進行多種實驗項目，以便讓研究人員監測她鞋帶的運作狀態。

研究人員從攝影機與連接在鞋帶上的微型加速計，了解到有兩件事情很重要：一是行走的動作如何使蝴蝶結中心的平結結構變形，另一件是蝴蝶結的帶子末端和圈圈末端受到不同的慣性力，這兩種慣性力如何共同將鞋帶從平結中拉出來，就像穿鞋者脫鞋時拉開鞋帶的動作一樣。

在行走時，鞋帶結會因鞋帶末端慣性產生的拉力而自行鬆開。這種情況發生在步行者邁開步伐時，腳部先向前再往後移動接觸地面。接著，踏到地面的撞擊力使平結進一步扭曲變形。拉力和扭曲力道的結合，使得鞋帶結無法控制鞋帶而任由它鬆開。

原則上，鞋帶會往兩個方向滑動，所以鞋帶結有一半的機率最終完全鬆開，另一半機率會變成要指甲夠長的人才能摳開的死結。而實際上，最常見的情況是鞋帶結鬆開，原因是蝴蝶結的帶子末端會比圈圈末端擺動得更遠，這會造成額外的慣性力，使鞋帶往末端較長部分的方向滑動。起初這種效果很小，但隨著帶子末端繼續拉長，慣性力的差異變得越來越大——最終只需要兩到三個步幅，鞋帶就能從繫緊變成鬆開。

或許我們對鞋帶這種拉長程度不一的情況無計可施，但是戴利—戴爾蒙德、葛蕾格和歐萊利提供的見解卻可能用來製造新型鞋帶，限制鞋帶結中心的平結扭曲變形的程度，進而減緩鞋帶鬆脫的過程。也可以說，了解鞋帶為什麼會自行鬆開，是發明解決方案的重要一步。

04 為什麼海水是鹹的？

從外太空看地球，是一個淡藍色的點，表面有三分之二被水覆蓋。但是其中絕大部分的水（大約97%）是鹹的，只有3%是人類日常飲用、洗滌、製造和（最重要的）生產食物所需要的淡水。大約三分之二的淡水鎖在冰川、冰帽和永凍層中，而在河流、湖泊或含水層中易於取用的水不到1%。簡單來說，海水含鹽，意味著可用的水很少，沒用的水很多。那為什麼海水是鹹的？

海水中的鹽大多是風化過程產生的，風化過程將陸地岩石裡的礦物鹽傳送到海洋。雨水不是純淨的水，而是含有少量從空氣吸收的二氧化碳，因此雨水具有微酸性。當這種微酸的雨水降落到地面，岩石中微小的礦物質就會溶解到水中，分離成帶電粒子，也就是離子。這些離子隨著雨水一起流入溪流，最終進入海洋。其中許多礦物離子隨後被海洋植物和動物從海水中吸收，但是其餘的礦物離子留在海水中，經歷了數百萬年，濃度累積上升。

海水中90%以上的離子是鈉離子和氯離子，約占海洋重量的3%，它們正是普通鹽的化學成分。其他過程也發揮作用。海底火山和深海噴泉也會將礦物鹽排放到海水中，而沒有通道排水的孤立水體則因為蒸發而變得愈來愈鹹，蒸發會帶走水分，留下溶解的礦物質。死海（含有重量約占30%的礦物鹽）是最著名的例子。

將海水變為淡水的海水淡化技術，就是逆轉海洋變鹹的自然過程。淡化技術包括煮沸海水然後重新冷凝，也就是蒸餾；或是透過逆滲透膜，以高壓泵送水，讓水分子可以通過，較大的礦物離子則過不去。這兩種程序都會耗費大量能源，但近年來逆滲透技術的能源效率已經大為提升。因此，海水淡化廠通常會設在水源稀少、能源價格低廉的地區，例如中東。

氣候變遷導致「全球乾化」，世界上潮溼地區變得更潮溼，乾燥地區變得更乾燥，未來幾年對淡水的需求將會增加；預計到2050年，全球半數人口將生活在缺水地區，因此我們需要更好的水管理政策和提高水資源效率的農耕法（如滴灌技術）。海水淡化技術的改進，也將協助人類利用海洋不易使用的鹹水。1961年美國總統約翰·甘迺迪（John F. Kennedy）表示：「如果我們能夠以低廉、具競爭力的方式，從海水中獲取淡水，那將符合人類的長遠利益，其他任何科學成就將相形見絀。」

05

為什麼鑽石生產可能即將達到高峰？

在加拿大北部的凍原中，礦工日夜工作，以提高加喬奎（Gahcho Kue）的鑽石產量。加喬奎由戴比爾斯（De Beers）公司擁有，是十幾年來最大的新鑽石礦場，可能也是該公司最後一座新礦場——戴比爾斯沒有打算設立另一家礦場。其他公司計劃開採一些礦山，但貝恩（Bain）顧問公司預測，2019年鑽石產量將達到高峰，然後開始緩慢下降。為什麼全球鑽石產量即將達到高峰？

現代鑽石產業大約自一百五十年前起步，當時一位農民的兒子在南非的奧蘭治河附近發現一顆鑽石。隨後出現鑽石熱潮，導致產量激增，而這也使價格面臨崩盤危機；鑽石的高價取決於其稀少性。1888年，塞西爾・羅德斯（Cecil Rhodes）創立戴比爾斯，以整合該地區的礦場。一個多世紀以來，戴比爾斯持續控制鑽石的供給、限制鑽石的可獲得性，以維持高價。羅德斯宣稱：「我們唯一的風險，是突然發現有新的礦場，在這種情況中，人的本性將會瘋狂挖礦，挖到會傷害所有業者的程度。」

從那時至今，情況已大為改變。現在戴比爾斯只控制約三分之一的市場，他認為不管是自家或其他公司，都不可能再有重大發現。火山將大多數鑽石從地心噴到地面，探勘者已經對存在於死火山中的近七千個金伯利岩（kimberlite，又稱為角礫雲母橄欖岩）礦筒進行採樣，其中僅15%含有鑽石，而且只有1%（約六十個）的鑽石含量能夠符合設立新礦場的成本。雖然探勘仍在持續，但大多數分析師認為，最好的礦藏已經全找到了。

對挖掘鑽石的人來說，供應量減少讓人鬆一口氣，這樣有助於支撐鑽石價格。新娘們仍舊想要訂婚鑽戒：戴比爾斯指出，在美國，四分之一的年輕新娘在開始戀愛之前就夢想擁有戒指。但有跡象顯示需求可能會衰退，因為千禧世代的收入不如上一代在相同年齡時的收入，對物質奢華也較沒有興趣。在他們成長時，「血鑽石」一詞也進入流行文化，這種鑽石的開採是為了資助非法的叛軍。

想要鑽石的新娘，現在有替代品「合成鑽石」可以選擇，這些合成鑽石的品質佳，生產成本更低。戴比爾斯和其他採礦業者利用新的廣告宣傳加口號努力提振需求，戴比爾斯著名的廣告詞是「鑽石恆久遠」，但鑽石供給並非恆久遠，這對提高需求會有幫助。

06 為什麼博科聖地較愛利用女性自殺炸彈客？

非洲伊斯蘭激進組織博科聖地（Boko Haram）使用的女性自殺炸彈客，比歷史上任何其他恐怖組織都多。該組織在2011年4月至2017年6月期間部署的四百三十四名炸彈客中，有兩百四十四名（超過半數）已被確認是女性。實際上人數可能更多。根據一項由傑森・華納（Jason Warner）和希拉蕊・瑪菲斯（Hilary Matfess）為美國西點軍校（West Point）打擊恐怖主義中心（Combating Terrorism Center）所作的一項研究，泰米爾猛虎組織曾是這項恐怖紀錄的保持者，過去十年間使用了四十四名女性自殺炸彈客。博科聖地的叛亂自2011年以來在奈及利亞東北部及鄰國造成三萬多人死亡、二百一十萬人流離失所，是第一個利用大多數為女性自殺炸彈客的團體。

奈及利亞政府喜歡說博科聖地「在技術層面已被擊敗」。由於極端組織伊斯蘭國（IS）宣布偏好一位較溫和的領導人，也就是阿布・穆薩布・巴納維（Abu Musab al-Barnawi），而非阿布巴卡爾・謝考（Abubakar Shekau），博科聖地在2016年分裂成兩派。謝考的戰略包括使用自殺炸彈客炸毀清真寺和市場，此舉不可避免會殺害穆斯林同胞。

（有些分析人士對派系的觀念提出質疑，認為博科聖地一直是由不同的單位組成。）但博科聖地距離被徹底擊潰還很遙遠，儘管自前軍事獨裁者穆罕默杜・布哈里（Muhammadu Buhari）於2015年再度擔任奈及利亞總統以來，該組織已被迫離開各個城鎮。

2017年7月，這個隸屬於IS的分支組織殺害一支石油探勘隊的六十九名成員。事實上，經過2016年稍微平靜的一年，該組織的自殺炸彈攻擊事件在2017年特別致命。根據路透社報導，光是6、7月，他們至少殺害一百七十人。聖戰分子也讓更多孩子送死：聯合國估計，2017年有八十三人被當作人肉炸彈，是2016年總人數的四倍，其中三分之二是女孩。

但華納先生和瑪菲斯女士說，博科聖地派出的自殺炸彈客，致命性低於其他組織使用的炸彈；有一部分是因為大約五分之一的人在遇到士兵時引爆炸藥，只殺死自己。

然而，博科聖地仍將攻擊者送往該組織的發源城市邁杜古里（Maiduguri），鎖定流離失所者棲身的大學、市場和營地。2014年4月，奈及利亞奇博克（Chibok）女子中學兩百七十六名女學生在學校被綁架後，使用女性炸彈客的情況就大幅增加。這並非巧合，博科聖地意識到女性的宣傳價值：用一般認定的無辜者當作致命武器，具有強大的衝擊因素；她們比較不會引起懷疑（如果以後不再使用這種戰術，至少在第一次部署時，效果很顯著）；在巨大的頭巾下更方便隱藏爆炸物。此外，既然已派女性炸彈客進行自殺攻擊，博科聖地就能將男性戰士安排到傳統的游擊式攻擊上。

有些女性可能是被洗腦而自願做聖戰士，但一般相信，許多女性是被迫綁上炸彈。曾有一個女性炸彈客同時揹著一個嬰兒。有些女性可能認為這是一種解脫，因為當個博科聖地的「妻子」在生活中飽受虐待，其中很多人慘遭「丈夫」強姦。有些女性沒有引爆炸彈，而是向當局自首，但這些人往往會面臨一輩子的恥辱，家人和社區可能不願接受她們回去。因此，無論女性殺人與否，博科聖地都一如它所計劃地散播恐懼與分裂。

07 石油靠邊站，哪些國家有最多鋰？

鋰是一種令人垂涎的商品。鋰離子電池儲存的能量，可為手機、電動車和電網（當連接到風力渦輪機和光電電池時）提供動力，預計到2025年，鋰的需求將增加近三倍。根據《工業礦物》（Industrial Minerals）期刊，2017年碳酸鋰和氫氧化鋰的年度合約價格增加一倍，這吸引投資人進入涵蓋阿根廷、玻利維亞和智利的「鋰三角」（lithium triangle）。根據初步估計的潛在供應量（尚未經過實際評估已證實的蘊藏量），該地區擁有占全球54%的「鋰資源」。

儘管這三個國家擁有的鋰資源規模相似，產量上卻有著巨大差異。2016年智利產量為七萬六千公噸，是阿根廷的兩倍多，玻利維亞僅勉強賣出區區二十五公噸。這個差異是一種象徵，標記出這三個南美國家如何對待其企業和投資。智利因為經商便利性、貪腐程度以及官僚機構和法院的素質，利於市場運作，排名遙遙領先。即使如此，智利鋰產量成長趨於平緩，澳洲幾乎快趕上它的世界最大生產國地位。

數十年來，很少人認為阿根廷有利經商，而掌權至2015年12月才下台的民粹路線總統克里斯蒂娜．費爾南德斯．德基什內爾（Cristina Fernandez de Kirchner）使經商變得更困難。不過在她的繼任者毛里西奧・馬克里（Mauricio Macri）領導下，阿根廷一直在努力收復失地。玻利維亞幾乎沒有運用本國的資源。根據美國國務院指出，玻利維亞的投資制度有一堆「缺乏法律保障、法治薄弱，貪腐和國際仲裁措施模糊」等問題。在鋰三角霸權的爭奪戰中，玻利維亞還有一段長路要走。

鹽礦之下

鋰資源，單位：百萬公噸
2017年1月

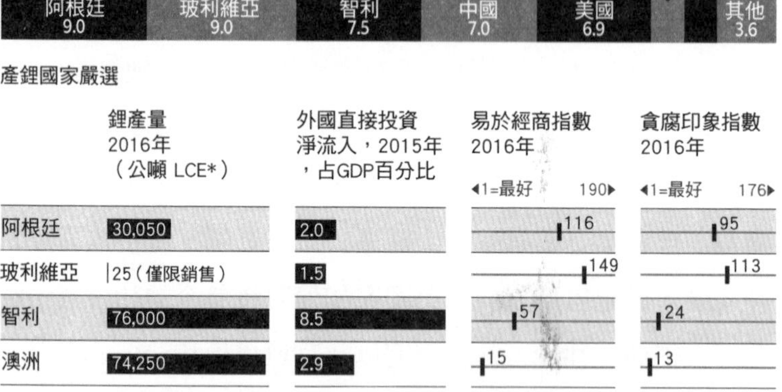

產鋰國家嚴選

	鋰產量 2016年（公噸 LCE*）	外國直接投資淨流入，2015年，占GDP百分比	易於經商指數 2016年（◀1=最好 190▶）	貪腐印象指數 2016年（◀1=最好 176▶）
阿根廷	30,050	2.0	116	95
玻利維亞	25（僅限銷售）	1.5	149	113
智利	76,000	8.5	57	24
澳洲	74,250	2.9	15	13

資料來源：美國地質調查局（US Geological Survey）、羅斯基爾資訊服務公司（Roskill Information Services Limited）、玻利維亞礦業公司（Comibol）、世界銀行、國際透明組織（Transparency International）

*碳酸鋰當量（lithium carbonate equivalent）

08 全球武器貿易何以會蓬勃發展？

2017年2月，阿布達比酋長國舉辦中東最大的軍火展「國際防務展覽會」（IDEX）。這項為期四天的活動極為成功，接待了一千兩百三十五位參展商和創紀錄的代表人數。在最後一天，阿拉伯聯合大公國宣布向包括法國、俄羅斯和美國等國的供應商購買價值五十二億美元的武器。這個波斯灣國家對武器的渴求並不是特例，智庫斯德哥爾摩國際和平研究所（SIPRI）的一項研究發現，從2012年到2016年底，大型武器貿易量達到冷戰結束以來任何五年期間的最高紀錄。為什麼全球武器貿易如此興旺？

愈來愈多極（multipolar）的世界在安全平衡上很脆弱，令許多國家感到擔憂。自冷戰結束以來，學者們發現，無論內部或外部，不穩定性越高就越導致軍費支出增加，這也符合我們的直覺。但近年來出現的趨勢轉變是，更高比例的支出用於進口武器：相較於2000年代，當時西方軍隊在阿富汗和伊拉克進行大部分的戰鬥，許多被捲入這十年爭端的國家缺乏軍事實力，國內產業也沒有能力建立起相關軍需。但隨著美國對成為世界警察的熱衷程度下降，這些國家認定更需要購買自保裝備。濱臨中南海的越南在2012年到2016年底，五年間的武器進口量是前五年的三倍。沙烏地阿拉伯的武器採購量增加212%，卡達則是增加245%。

但是供給面的推動也支撐了交易。向一百多個國家出售武器的美國主導了市場，隨著科技的進步，美國以GPS導航和自動化系統等現代設備，協助重新添補開發中國家的武器庫，它的出口在2008年到2015年增加了42%。

其他的武器出口國家也看到一個獲利豐厚的市場。1990年代以仿冒西方設備知名的中國，如今已成為頂級的武器供應國；南韓向拉丁美洲出售飛機和軍艦，俄羅斯以它在冷戰時期的舊事業為基礎。

傳統武器的擴散本身就是不穩定性的根源，能抑制它們的措施卻一直很薄弱。與核武條約不同的是，管制傳統武器機制的重點不是加速裁軍，而是確保武器不會被賣給不負責任的使用者，可是即使在這個侷限的範圍內，這些措施的效力仍未獲證實。

聯合國主導的「武器貿易條約」（Arms Trade Treaty）是第一個全球性的管制武器貿易行動，於2014年12月生效。中國和俄羅斯不是簽署國，美國尚未批准它，而這三個國家共占出口的逾60%。

現有的區域控管工具，例如「歐盟武器出口行為準則」（EU Code of Conduct on Arms Exports），在阻止有爭議的銷售方面的紀錄參差不齊。包括亞洲和中東在內的一些地區，則沒有這樣的條約。與此同時，美國增加軍費的計畫可能促使其他國家再次購買武器。預料武器貿易展和武器貿易會繼續蓬勃發展。

09 智庫在做哪些事情？

「根據某某智庫」是任何報紙、尤其是《經濟學人》的讀者都熟悉的一句話。犀利的引述、有趣的事實和大膽的新政策建議，都被認為是神秘的智庫所為（不過智庫也說了很多等同垃圾的話）。這些組織大量製造出來的報告，主題大自英國脫歐，小至獾的相關資訊，包羅萬象。它們究竟是什麼樣的單位？

「智庫」的稱號在1950年代開始流行，當時已經有很多這樣的組織存在。許多美國最可敬的例子，包括布魯金斯學會（Brookings Institution）和卡內基國際和平基金會（Carnegie Endowment for International Peace），都是在二十世紀初建立。英國皇家三軍聯合研究所（Britain's Royal United Services Institute）是一個軍事分析機構，由惠靈頓公爵（Duke of Wellington）於1831年創立。但智庫是在二十世紀下半葉真正蓬勃發展。賓州大學的研究人員估計，全世界現有將近七千個智庫。

本質上，智庫的宗旨是填補學術界與政策制定之間的缺口。學術界從事權威研究，但進展甚慢；記者的原始初稿寫得很快，但內容空泛薄弱。良好的智庫透過發布與學術研究一樣嚴謹並且像新聞一樣易於取得的報告，來協助決策過程。（不良智庫所擅長的正好相反。）他們在二十世紀蓬勃發展，有兩個原因：各國政府主管業務四處擴張，對政策專業知識的需求很大；二十四小時新聞的誕生，對消息靈通的受訪者求之若渴。現在，同樣的趨勢導致智庫在開發中國家開始受到歡迎。

然而，世界的智庫數量可能已經達到高峰。賓州大學的研究人員發現，2014年新智庫的數量三十年來首次減少，原因之一是捐款人現在偏好針對特定專案計畫撥款，而不再對單純的想法挹注資金。另一個原因是競爭加劇，儘管麥肯錫（McKinsey）等專業諮詢顧問公司公布相當多的腦力研究（brainwork）成果，但找論述不偏不倚的智庫人員來受訪，說服力未必勝過具特定立場的「倡議組織」成員。

所以有些智庫正在重新思考自己的定位。皮尤研究中心（Pew Research Centre）將自己描述為「事實型智庫」（fact-tank），側重於資訊而非政策建議。英國教育智庫薩頓信託（Sutton Trust）自稱是「實踐型智庫」（do-tank）——不僅提出構想，還將自己的建議付諸實踐。

10 如何衡量香菸黑市？

2017年5月，愈來愈多國家規定香菸菸盒需印上警示圖文（plain pack），英國也加入這個行列。菸草公司聲稱，此舉將使人更難辨別走私菸，進而提高走私菸的銷售額。要釐清這是否屬實，可以追蹤黑市售量的變化。但要如何衡量它的銷售呢？

開普敦大學的漢娜．羅斯（Hana Ross）表示，有十幾種方法可以做，其中有三種最常用。第一種是比較一下合法銷售的香菸數量（來自菸稅繳納紀錄）和已吸食的香菸數量（根據詢問人們吸菸量的意見調查而得）。這兩個數字的差距，可做為黑市規模的估計值。

第二種常用的方法是詢問吸菸者在哪裡買菸以及付了多少錢，也可以請吸菸者拿出最近一次買到的香菸。若是售價低於合法銷售的價格，就表示賣家提供的是走私菸；有些吸菸者公開承認買過走私菸，或者掏出洩露走私證據的菸盒。

第三種方法是查看被丟棄的菸盒，並計算看起來像在黑市購買的菸盒比例；例如，那種菸盒可能沒有菸稅標籤，或者顯示是一個未正式登記註冊的品牌。被丟棄的菸盒可以從一根一根賣菸的小販、街頭垃圾來收集，或者從垃圾箱翻找或從垃圾車中挑出來。羅斯女士談到被僱來穿著防護衣翻找垃圾堆的人員時說：「他們穿得好像要上太空一樣。」

這些方法都各有缺點。例如，吸菸者可能不願提到買過明知是走私的香菸。他們聲稱的抽菸量也可能比實際抽的少（特別是如果研究人員是在一項大型反菸運動過後不久前來調查）。理想上，應該要同時運用多種方法，以便更確切估計黑市總銷售額，以及銷售量如何隨著時間改變。愈來愈多國家開始進行這類研究。在暗處發生的交易，並不表示沒辦法針對它點起一盞明燈。

11 如何繪製獵巫的興衰圖？

「女巫！女巫！我們找到一個女巫，我們可以燒她嗎？」在1975年喜劇電影《蒙地蟒蛇與聖杯傳奇》（Monty Python and the Holy Grail）的一幕場景中，一個四處搶劫的暴徒問道。「你怎麼知道她是女巫？」國王的衛兵說。「她看起來像女巫。」暴徒回答。被指控的女巫試著辯解，但沒有得到多少同情。「他們把我打扮成這樣。這不是我的鼻子，這是假鼻子。」她絕望地哭泣。這種模仿非常接近事實。十四到十八世紀之間，大約有八萬人在歐洲因為巫術而遭審判。她們並不全是看起來既老又披頭散髮的女人——15%的蘇格蘭巫師是男性，平均年齡是四十二歲。

他們被指控的無數罪行，往往是微不足道的瑣事。例如在一場爭吵後，有人遭遇不幸，家中有人夭折或英年早逝，那麼鄰里的爭論可能會升高為施展巫術的指控。約有一半的被告會被處決，通常是被絞死或被綁在火刑柱上燒死。大約在1770年，歐洲女巫審判已不時興。近幾十年來，人們對女巫審判的興趣，主要集中在為業餘愛好者和遊客重演歷史事件上。但是這個主題也讓一小群學者著迷，他們仔細查找這項習俗現有的詳細資料，並擬定理論來解釋這些審判發生的原因、時間和地點。

2004年，現任布朗大學經濟學家艾米莉・奧斯特（Emily Oster）發表一篇論文，指出女巫審判與經濟衝擊有關。在「小冰河期」（Little Ice Age），指控施展巫術的情況最普遍；從1590年開始的這個時期，歐洲冬天異常寒冷，導致作物歉收、收入減少。奧斯特女士推測，負責為社區貧困老婦提供食物的中世紀村民為了節省稀少的資源，可能曾指控這些老婦為女巫。在從1563年開始、長達一百六十四年的魔咒期間，有大約三千五百名被指控為女巫的婦女在蘇格蘭遭到審判，在歐洲平均為第二高。依據奧斯特女士的理論，這個時期應該有天氣惡劣和收成不佳的特點，但根據加拿大布魯克大學（Brock University）經濟學教授科尼利厄斯・克里斯蒂安（Cornelius Christian）發表的論文，該期間蘇格蘭氣候其實異常溫和，導致豐收。那促使他作出與奧斯特女士相反的結論：他認為唯有在精英分子的合作下，才能成功迫害被控施展巫術的人，而精英分子只有在資源充裕之時，才有足夠的閒暇去參與女巫審判。

其他研究人員採取不同的觀點。喬治梅森大學（George Mason University）的彼得・李森（Peter Leeson）和雅各・羅斯（Jacob Russ）撰寫的一篇論文指出，獵巫者四處尋找獵物的因素是宗教緊張情勢，而非天氣。他們收集了四萬三千個歐洲女巫審判的統計資料，主要來自法國里昂附近的山區、瑞士的琉森和現代德國的佛萊堡。其中五分之三在1560年至1630年的期間發生，被稱為「大獵巫行動」（the Great Hunt）。這些行動的特點是駭人聽聞的暴行，例如在巴伐利亞州的符茲堡，有四百人在一天內被處決。作者們將這種歇斯底里歸因於宗教改革的後果。他們發現，當某些地區的天主教和新教教會支持度相近，競相爭奪改宗意向時，最常發生女巫審判。相反地，在任一信條占優勢的地區，這種審判便大為罕見。李森先生和羅斯先生注意到這與現代美國總統選舉有驚人的相似之處，兩個主要政黨聚焦於勢均力敵的「搖擺州」，忽略難以撼動優勢的那幾個州。

也許在「大獵巫行動」期間，女巫審判的作用與現今政治宣傳扮演的角色很類似：政治宣傳是爭相讓選民看到他們為防範恐怖分子和罪犯所提供的保護，十六世紀的各種宗教則是爭著讓可能改變信仰的人民看到，他們為防範女巫所提供的保護。按這種觀點來看，與佛羅里達州（美國最大的搖擺州）意義上相同的獵巫地點，似乎是法國的史特拉斯堡——在歐陸發生的所有女巫審判中，有30%發生在史特拉斯堡的三百英里（五百公里）內。還有一個更深入的比擬：女巫審判導致數萬名無辜的受害者被謀殺，現代政治人物則經常藉著警告選民注意潛伏在四周的敵人所構成的危險來爭取選民。選民應該想一想，這種思維所造就的政策，其鎖定的對象是否比幾百年前被認為是和撒旦勾搭的女巫更有罪。

不計辛勞不怕煩（女巫之歌）

歐洲巫術，1300-1850年

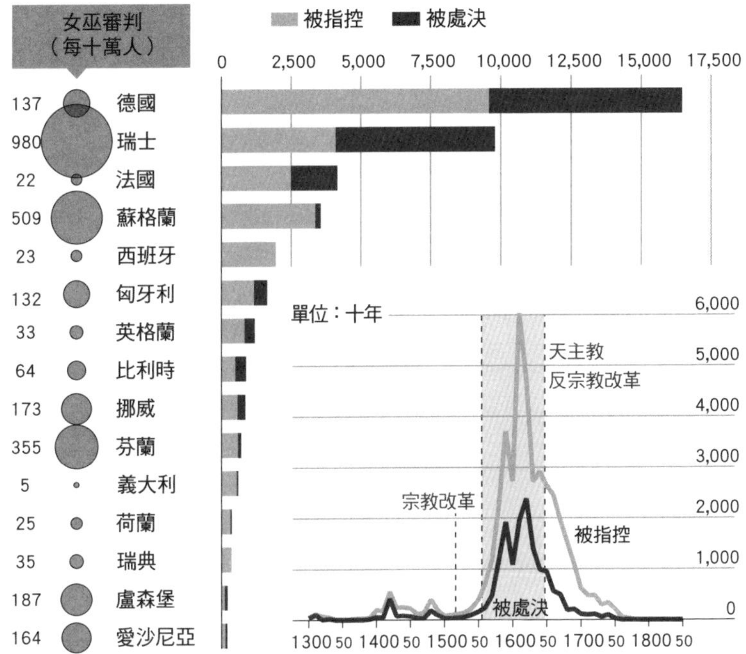

資料來源：〈女巫審判〉（Witch Trials），彼得・李森和雅各・羅斯，《經濟期刊》（Economic Journal），2017年8月

PART TWO

全球好奇：
各國讓人大開眼界的常識

Q 為什麼瑞典人要超額繳稅？

（1）北歐福利國家的光榮共識
（2）漫長冬季促成的互助思維
（3）錢太多所以回饋給政府
（4）負利率讓退稅比存銀行好賺

——答案詳見P.72

Q 為什麼法國人愛驅魔？

（1）法國妖魔鬼怪特別多
（2）法國的教會勢力衰退
（3）花錢買娛樂，好玩好看又好聊
（4）恐怖攻擊多造成心理不安

——答案詳見P.53

12 為什麼義大利麵是橫渡撒哈拉沙漠的走私品？

貿易商和走私者長期以來都穿越撒哈拉沙漠。非法運銷者將人和毒品送到沙漠北方，但返回南方時，他們會在空卡車上放什麼東西？當下很流行的答案似乎是義大利麵。一些消息來源認為，除了人之外，義大利麵是最常被跨越沙漠走私的產品（按重量計）。毒品運銷和軍火走私的確會獲得高利潤，但許多走私者透過販運義大利麵使他們裝載的貨物多樣化。為什麼？

一部分原因是，北非國家是透過補貼來激勵貿易。例如，阿爾及利亞每年花費約二百八十億美元來抑制食品和能源價格；利比亞也補貼食品價格（但因為內戰而有些不規律），五百克義大利麵可以僅用〇・一五美元買到。在位於馬利西南部數百英里的古城廷巴克圖（Timbuktu），同一袋義大利麵可能會賣得二百五十非洲法郎（在幾個西非國家使用的貨幣），相當於〇・五美元；在塞內加爾或馬利首都巴馬科（Bamako）的一些地方，可能索價更高，約八百非洲法郎，或一・五美元。

走私的另一個動機出在西非。根據該地區的關稅同盟，進口義大利麵需支付20％的關稅和15％的增值稅，所以夾帶義大利麵的走私者很容易損及合法供應商的利益。走私者很少回覆意見調查，也就無法確定事實，不過2015年由埃及智庫「經濟研究論壇」（Economic Research Forum）進行的一項研究發現，義大利麵是從阿爾及利亞到馬利跨越撒哈拉沙漠的主要商品，約佔貿易量的三分之一。研究人員估計，走私者賺取20～30％的利潤。

非法義大利麵貿易不僅在撒哈拉以南的國家打出名號，在沙漠本身也是如此。當他們進行交易時，許多走私者已經開始將義大利麵條插入沙子中當作路標。

13 為什麼有這麼多地方被稱為幾內亞，而火雞卻不是來自土耳其？

幾內亞（Guinea）、赤道幾內亞（Equatorial Guinea）、幾內亞比紹（Guinea-Bissau）、巴布亞新幾內亞（Papua New Guinea）、幾內亞灣（The Gulf of Guinea）、維吉尼亞州幾內亞、斯科舍省（Nova Scotia）幾內亞。世界上的幾內亞比海盜的寶箱還多，要怎麼解釋這個名字的盛行程度？

語源學家們在「幾內亞」一詞的起源上意見分歧。有些人追溯到圖瓦雷克人（Tuareg）描述黑人的一個字：aginaw；圖瓦雷克人是非洲撒哈拉沙漠周邊地帶的遊牧民族，為非洲北部柏柏爾（Berber）部族的一支。其他人認為這個詞最初是指現代馬利的一個交易城市傑內（Djenne）。十五世紀時，葡萄牙水手使用「Guiné」描述現今塞內加爾附近的一個地區，到了十八世紀，歐洲人用「幾內亞」來指西非大部分海岸線。隨著殖民者瓜分非洲大陸，許多歐洲國家將自己控制的地方稱作幾內亞，等到獨立後，法屬幾內亞變成幾內亞，西班牙幾內亞改成赤道幾內亞，葡萄牙幾內亞就叫幾內亞比紹。西非是黃金的主要產地，因此英國舊時的金幣名稱為「幾內亞」。1545年，在世界的另一邊，西班牙探險家烏尼戈・奧爾蒂斯・德・雷泰茲（Ynigo Ortiz de Retez）到達澳洲北部的一座島嶼。他覺得當地居民與西非人有幾分相似，於是將島嶼命名為「新幾內亞」。「巴布亞」（papua）這個詞可能來自馬來語papuwah，意思是「捲曲」，可能是指島民的頭髮。

幾內亞這個名稱除了牽涉各個地方，還涉及動物：最著名的是天竺鼠（guinea pig）和珠雞（guinea fowl）。天竺鼠並非源自非洲哪一個幾內亞，而是南美洲。歐洲人可能是搞混了，將幾內亞與圭亞那（Guyana）混為一談，圭亞那是南美洲唯一的英語國家。圭亞那與幾內亞無關，它的名字可能源自一個本土詞，意思是「多水之地」。然而，一些學者為天竺鼠提出了另一種詞源：往來於英國、南美洲和幾內亞之間的貿易船「幾內亞人」（Guinea-men），將這種囓齒動物帶到英國。

至於珠雞（guinea fowl），牠確實來自西非，但也有其複雜的歷史。這種鳥最初是透過土耳其人（turkey）建立的鄂圖曼帝國（Ottoman Empire）引進英國，因此被稱為「火雞」（turkey）。後來，早期英國殖民者抵達美國後，將當地本土鳥與這種非洲禽類混為一談，也稱之為「火雞」；事實上，牠們是另一個更大且截然不同的物種。總而言之，這是一場語言學上的大混亂。目前尚不清楚幾內亞這個詞源自哪裡，但的確是殖民時期一連串的歷史意外與誤解，導致了現代世界的幾內亞擴散現象。

14 為什麼紐西蘭的幫派這麼活躍？

以一個寧靜的國家來說，紐西蘭有特殊的幫派問題。據推測，紐西蘭的幫派分子比例在全世界數一數二。在四百七十萬人口中，警方估計有超過五千三百名黑幫成員或考慮加入的「潛在幫派分子」。算起來幫派分子人數比軍隊更龐大。

摩托車幫會如地獄天使（Hell's Angels）和來自澳洲的同類幫派分支，名列紐西蘭二十五個公認的黑幫，但是兩個毛利人團體占主導地位：黑色力量（Black Power）和雜種幫（Mongrel Mob）。成員透過在皮夾克縫上補丁或將自己密集刺青，來表示他們的忠誠。一個握緊的拳頭象徵黑色力量，它的名字來自美國民權運動；一隻英國鬥牛犬象徵雜種幫。總的來說，原住民毛利人佔該國幫派分子人數的四分之三。

毛利人從1970年代以來就一直主宰幫派世界，當時有許多毛利人搬到城市，在那裡忍受歧視，卻因為工作難找而陷入貧困。此後求職機會雖有增加，但毛利人的生活往往比其他紐西蘭人更艱難。他們在學校表現較差、健康狀況較差，平均壽命也較短，有些人轉而向幫派尋求權力或保護。有些人因故入獄，服刑期間為了自保不得不加入。其他人尋求的則是更正面的東西：社群團體（毛利語是whanau）。許多新成員加入，只因為他們的父親是成員；他們說幫派就像一個家庭。簡而言之，紐西蘭居高不下的幫派分子比例，反映了毛利人面臨的困境。

大多數紐西蘭人從未經歷過這種黑社會，因為暴力事件一般發生在幫派之間，而且幫派的地盤爭奪戰近幾十年來已經趨緩。今日大多數的幫派犯罪，都與毒品有關。矯正人員說，外國集團利用摩托車幫派散布甲基安非他命。在紐西蘭，以共謀交易甲基安非他命和謀殺罪而被起訴的嫌犯中，幫派成員就占了超過14%，塞滿大約三分之一的牢房。這相當有助於解釋為什麼全國超過半數的囚犯都是毛利人，雖然他們只占全國人口的15%。

幫派裡流行吸食甲基安非他命，也削弱了他們的組織。少數幫派老大目睹這種毒品對社區造成的破壞之後，已禁止成員吸食。有些幫派試圖以其他方式清理他們的分會。這些幫派過去曾因輪姦而聲名狼藉，但「黑色力量」現在禁止這種行為，並著手更廣泛地減少家庭暴力，「黑色力量」和「雜種幫」的女性成員表示他們的生活大幅改善了。

不過在較具規模的幫派裡由心存改革的成員掌權，變得較為成熟慎重的同時，另一群較年輕、洛杉磯式街頭幫派如今在紐西蘭聲勢看漲，其中許多成員是毛利人和波里尼西亞人。這些幫派吸收進來的青少年酷愛光鮮炫富的生活，性格暴力、行為也不可預測。紐西蘭幫派分子比例居高不下的情況，似乎仍會持續下去。

15 為什麼驅魔業在法國蓬勃發展？

驅魔師菲利普・莫斯卡托（Philippe Moscato）在巴黎一間大公寓裡的各個房間走動，邊灑聖水邊唸咒語。「惡靈退散！」他大聲喊道，喝令非現實世界的惡靈，它們的攻擊不會再有作用。他通知屋主，經過作法之後，房間裡的空氣會有改善，整幢公寓也因此受益。這項持續一小時的儀式，莫斯卡托先生收費一百五十五英鎊（一百九十美元），他每週都會替巴黎的房屋驅幾次魔；為人進行驅魔大概每週一次。

他並非唯一從事此業的人。上網搜尋可以看到，有許多私人驅魔師、治療師、靈媒、猶太教神職人員卡巴拉師（kabbalists）、巫師和能量師提供類似的服務，每項儀式的費用可高達五百英鎊。有些業者表示能幫企業擺脫霉運，或是幫人修復破裂的關係。很多業者協助處理房子鬧鬼的問題。一位住巴黎附近、自稱驅魔師的人表示，他每天工作十五小時，包括透過電話諮詢，每個月可以賺取多達一萬兩千英鎊（稅前）。為什麼驅魔業在法國蓬勃發展？

根據驅魔師的說法，他們的業務興隆，是因為客戶從儀式中獲得亟需的益處。例如，莫斯卡托先生表示，2015年末法國恐怖攻擊事件發生後，驅魔需求就大幅上升。他指出，法國的三個地區特別容易受到「黑魔法」的影響——巴黎、里昂和蔚藍海岸，據說當地黑手黨很活躍——這可以由夠強的驅魔師來反制。天主教事務作家亞莉珊卓・努奇（Alessandra Nucci）曾在羅馬參加由「國際驅魔師協會」（IAE）舉辦的課程，她表示，歐洲替人驅魔收費的私人業者愈來愈多。她指出，神父不願意做這項工作，驅魔人是在填補這個空缺：「儘管大眾強烈要求，教會長期以來一直忽視驅魔。」

需求真的存在，但原因不一。例如在巴黎附近的一位驅魔師表示，大約一半的顧客是移民，特別是非洲人準備改找富有魅力的收費驅魔師，而不去找教會認可的驅魔師。其他顧客是聽朋友請驅魔師之後才跟進，例如莫斯卡托先生造訪過的那位巴黎公寓老闆，其中部分（但非唯一）原因是為了娛樂、想親眼看這種儀式。他們不上教堂，也不太可能要求神父為他們的家驅魔。許多人因為很容易上網找到和預約驅魔師而去做。有可能對私人驅魔師的需求以前就存在，只不過現在有網路而更加公開，驅魔師可以利用網路輕鬆替自己的服務作宣傳。如福斯（Fox）推出的電視影集《大法師》（The Exorcist），無形中也鼓勵顧客嘗試這種儀式。

驅魔仍是一項小眾業務，但可能會在不歸屬傳統教會的人（例如移民）當中更受歡迎。像莫斯卡托先生進行的那種住宅驅魔，似乎是無害的娛樂，但有風險存在：暴力儀式的受害者（包括孩童），偶爾會在理應用來驅逐惡靈的敲打中喪生。較負責的收費驅魔師表示，患者應該先向醫生或精神科醫生諮詢，再接受分析診斷或驅魔。一般來說，為這種儀式付費的人似乎相信自己會得到某種成果，就像選擇順勢療法或占星學的人預期會有一些正向效果。顧客要先相信服務，有了這項事實，才會有預期的好處——許多其他業務也是如此。

16 為什麼中國有世界上最嚴重的航班延誤？

中國的機場好得令人驚奇。過去十年間，每年有近十座新機場啟用，這些時髦、寬敞、配備最新科技的現代建築，能夠像未來世界的景象那樣酷炫閃爍。然而，對於來這些機場搭機的人，它們也是恐懼和厭惡的對象。問題不在於建築物本身，而在於它們代表的事情：漫長的等待。

中國機場的優雅在世界上數一數二，但班機延誤也是首屈一指。世界上最繁忙的一百座機場中，延誤時間最長的七個機場都在中國，包括北京、上海和深圳等主要樞紐。在排名世界前一百的十三座中國機場，班機平均延誤四十三分鐘。除中國外，全球規範是二十七分鐘。在班機延誤上能與中國相媲美的，只有三座機場：在紐約周圍繁忙天空提供服務的甘迺迪機場、拉瓜地亞機場和紐華克機場。

壅塞只是中國機場班機延誤的部分原因。中國已經是世界第二大航空市場，每年約有五億人次旅客，而且該行業仍以兩位數的速度成長。根據國際航空運輸協會，中國必定會在十年內超越美國，成為世界上最繁忙的市場（以乘客人數而言）。

但是從航班數量來看，中國機場其實很空閒，它的機場

准許起飛

每月平均起飛次數最多的機場

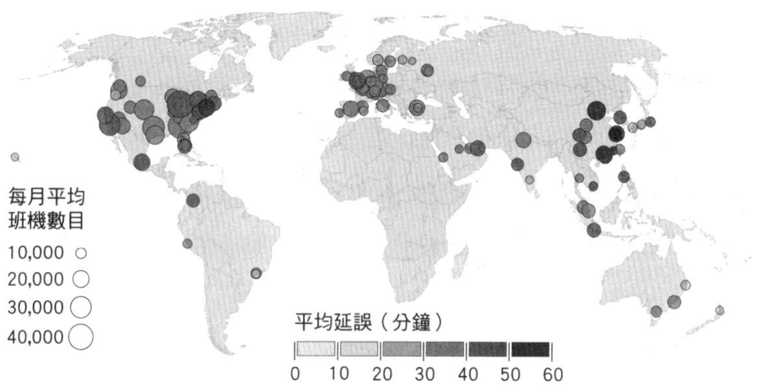

資料來源：航空技術供應商飛常準（VariFlight）

只有一座名列全球航班數量前二十大（北京首都國際際場，排名第七）。換句話說，中國機場的航班往往較少，並採用載客量較多的大型客機。原則上，這應該更容易避免延誤，而且鑑於中國機場擁有充足的跑道空間和最先進的空中交通管制系統，應該更能讓飛機準時起飛。

為什麼中國的紀錄如此糟糕？第一個原因是中國機場傾向講求極度安全。在世界各地的許多大型機場，航班之間的間隔（無論是起飛還是降落）都被壓縮到三十秒，在中國則經常長達兩分鐘，即使有很多飛機等著起飛也一樣。在天氣較潮濕的夏季，中國班機的準時性顯著惡化（見圖表）。2017年7月，每五個班機中只有兩個班機按照預定時間起飛。儘管如此，在航空旅行如此迅速成長之際，中國空中交通管制人員的謹慎是可以理解的。過去五年間，在他們的監看下，沒有重大事故發生。

第二個原因應該比較容易解決。軍方控制中國大約四分之三的空域，並且未將民航交通納入考量。軍機起飛時，商用飛機別無選擇，只能在跑道上等待，有時需要等好幾個小時。中國政府長期以來矢言要更妥善整合民用和軍用空域管理，並釋出更多空中走廊作為商業用途。然而至少到目前為止，改進的部分讓人完全無感。這是一個敏感的主題。航空公司很少告知乘客軍事演習是延誤起飛的原因，而是列舉一般的空中交通管制或天氣惡劣等因素，即使在晴天也是如此。但2017年公佈的官方資料顯示，軍事活動導致約四分之一的班機延誤。這一切都增加了旅客困在中國閃亮（但令人沮喪）機場的時間。

17 為什麼索馬利蘭是東非最強大的民主國家？

一根針掉到非洲東部的地圖上，很可能不會落到一個健全的民主國家。索馬利亞和南蘇丹是失敗的國家，蘇丹是獨裁國家，厄利垂亞、盧安達和衣索比亞等警察國家也是如此。烏干達總統約韋里・穆塞維尼（Yoweri Museveni）自1986年以來持續執政，並通過了一項法律，撤除憲法對總統的年齡限制，以便能夠掌權更久。坦尚尼亞的選舉從未將執政的革命黨趕下台；自1961年獨立以來，該黨和它的前身持續統治國家。即使是該地區最具活力和競爭力的民主國家肯亞，也正在掙扎中。2017年10月，烏胡魯・甘耶達（Uhuru Kenyatta）以98%嚴重瑕疵的選票連任總統。

在這種背景環境下，小小的索馬利蘭脫穎而出。2017年11月，這個未獲國際承認的國家舉行自從2001年以來第六次和平、具競爭性和相對乾淨的總統選舉。這項無與倫比的紀錄，使索馬利蘭成為該地區最強大的民主國家。這是怎麼發生的？

奇特的歷史促成這種情況。索馬利蘭曾是英國的保護國，1960年與義屬索馬利亞合併成為統一的索馬利亞，後於1991年脫離，現在具有強烈的國族認同感。它是歐洲殖民者瓜分的實體中少數實際上存有一些道理的實體之一。索馬利蘭在社會上比索馬利亞或大多數其他非洲國家更加同質化，更高的同質性往往意味著公民之間有更高的信任度。對索馬利亞首都摩加迪休（Mogadishu）的西亞德．巴雷（Siad Barre）政權進行十年的戰爭，使索馬利蘭兩個最大城市淪為一片瓦礫，卻產生了一種堅定不移的愛國精神。帶領這項戰鬥的索馬利亞民族運動（SNM）培養了一種內部民主文化，它的領導組合在九年內換了五次，並在勝利後兩年內將權力移交給一個民選政府。

但索馬利蘭最重要的問題可能是缺乏國際認可。1999年時，在1993到2002年間擔任索馬利蘭總統的穆罕默德．哈吉．易卜拉欣．伊戈爾（Muhammad Haji Ibrahim Egal）指出，索馬利蘭能否得到國際認可，將取決於他們國家對民主的追求。他著手制定了一部在2001年通過公民投票的憲法。國際社會擔心此舉會鼓勵該地區的其他分離主義運動，所以跟非洲聯盟（African Union）一樣，從未以承認索馬利蘭的獨立地位來給予幫忙。

但這種反應並沒有阻礙該國的民主政治，反而確保民主化由下而上散播。捐助者經常要求非洲國家進行民主改革，作為經濟援助的條件。由於未獲承認的索馬利蘭被切斷大多數的外部援助，政府與公民之間的社會契約變得異常強大。民主是在一連串群眾公開磋商——氏族會議——中發展起來，這種磋商賦予它不同程度的合法性。該制度最引人注目的特性，是氏族長老的上議院「庫爾蒂」（Guurti），它確保具有廣泛代表性的政府，並支持該國大部分的共識型政治文化。

索馬利蘭的民主絕非毫無瑕疵。貪腐情況相當普遍，媒體很少批判評論，氏族的影響力已經減弱但沒有根除。而且選舉一再往後延，2017年11月的投票過了兩年多還沒有舉行，到那時所有的政府部門都已超過任期。下議院已經維持了十二年；庫爾蒂（上議院）自1993年成立以來一直未進行選舉。未來可能會面臨更大的挑戰。2017年，索馬利蘭與阿拉伯聯合大公國簽署協議，準備在沿海城鎮柏培拉（Berbera）建造新的港口和軍事基地。前者價值超過四億美元，是該國有史以來規模最大的投資協議。

以小額預算建設國家，有助於讓索馬利蘭的政治人物保持相對負責，並協助維持各個氏族之間的微妙平衡。那種情況可能不會持續太久，但這段期間，索馬利蘭堪稱民主的燈塔，也是鄰國的榜樣。

18 為什麼蒙古包在蒙古即將過時？

如果蒙古最著名的標誌是它強大的十三世紀征服者成吉思汗，第二個最著名的可能就是質樸的游牧民居「蒙古包」，這個詞的英文是來自土耳其語yurt。傳說成吉思汗自己是從一個特別大（直徑九公尺，確實夠大）的蒙古包統治他龐大的帝國。yurt的蒙古字是qer，意思是「家園」，它也構成動詞「結婚」的字根。那為什麼這個文化遺產的核心和受鍾愛的部分，似乎即將過時呢？

蒙古包有可折疊的木製格架和高效率的毛氈隔熱材料，既溫暖又便於攜帶。事實上，許多游牧民族將他們的蒙古包運到首都烏蘭巴托（Ulaanbaatar）的外圍。在該城市的三面，搖搖欲墜的街區住著來自蒙古各地廣大農村的移民。這些持續擴大的山坡地區普遍被稱為「蒙古包區」（ger district），從城市中心看，那些白色圓頂是它們最突出的特徵。但其實只有不到一半的居民住在蒙古包裡。大多數人接受國家分配給他們的七百平方公尺土地，並改以木材、磚塊或混凝土建造簡單的固定結構。

隨著蒙古在1990年從蘇聯加諸的共產主義制度轉變為民主制度，遷移到城市的農村居民人數突然增加。烏蘭巴托是蒙古迄今最大的城市，自2000年湧入烏蘭巴托的牧人人數成長迅速。乾旱及蒙古人稱為「嚴冬」（dzud，意指在牲畜無法存活的酷寒冬季過後，伴隨出現的特別乾燥的夏季）的現象頻率增加，使得放牧更加困難。與此同時，烏蘭巴托的快速發展製造許多就業的機會和服務（包括醫療保健與教育）的需求。但到目前為止，市府官員未能為不斷擴大的蒙古包區提供基礎建設。蹲坑廁所對人口稀少的農村地區蒙古包居民而言很夠用，但不適合烏蘭巴托邊緣人口密集的村落。蒙古包區沒有連接城市暖氣系統，迫使居民為了烹飪和取暖需求而燒煤，造成嚴重的污染，並引起烏蘭巴托城區的居民諸多抱怨。

此外，一旦移入者放棄放牧而選擇城市生活，他們就會比較少利用到蒙古包的主要優勢之一：可攜性。這一切解釋了2015年發佈的一項烏蘭巴托蒙古包區居民調查結果：72%的受訪者表示，有得選的話他們會搬進公寓。甚至在農村，蒙古人聽了現代生活何等美好的理論就信以為真，受到引誘離開蒙古包，儘管搬離的速度較為緩慢。根據蒙古國家統計局的資料，2010年到2015年間，居住在蒙古包的家庭比例下降一點三個百分點。這將需要一些時間，但高貴的蒙古包似乎正在加入成吉思汗，成為蒙古光榮過往的象徵。

19 哪些城市的謀殺率最高？

古柯鹼主要產地在南美洲，並透過中美洲和加勒比地區運送到世界上最大的市場美國。陸路主要從哥倫比亞出發，經過薩爾瓦多、宏都拉斯和瓜地馬拉等小國，然後到墨西哥。難怪拉丁美洲仍然是世界上非處於戰爭中的最暴力地區。根據巴西智庫Igarapé研究所（Igarapé Institute）的資料，2016年全球凶殺比例最高的前五十個城市中，有四十三個在拉丁美洲，而前十大國家中，有八個在這地區。（不包括難以確認數字的戰區。）幫派衝突、腐敗和公共機構軟弱，全都導致整個地區的暴力指數居高不下。

名列前茅的國家沒有改變。在2015年和2016年，薩爾瓦多是世界上最暴力的國家，首都聖薩爾瓦多是凶殺案件最多的城市。但2016年的數字確實略有改善：全國謀殺率從2015年的每十萬人有一百零三人被殺，降至次年的九十一人；聖薩爾瓦多的謀殺率從一百九十人降至一百三十七人。大多數分析師認為，這要歸功於政府維安部隊的壓制，即使嚴打犯罪的政策幾乎沒有解決幫派暴力的根本原因。鄰近的宏都拉斯也出現類似的下降趨勢：汕埠（San Pedro Sula）多年來在凶殺案件最多的城市中居冠，排名第三。

然而，鄰國的暴力事件激增，顯示打擊幫派政策只是導致凶殺案在地理上重新分配，而不是真正阻止。阿卡普爾科是墨西哥太平洋沿岸的一個海灘度假勝地，2016年每十萬人中有一百零八件凶殺案，僅次於聖薩爾瓦多。那反映了全國的趨勢：墨西哥的整體比率從每十萬人中有十四點一人被殺害，增加到十七人被殺害。這個數字幾乎等於2011年墨西哥毒品戰爭的暴力高峰。結果，六個墨西哥城市躋身前五十名，比一年前的情況還要多三個城市。

名單的中間部分主要是巴西城市：排名中將近一半的城市都在巴西這個全球第二大古柯鹼消費國境內，主要反映它龐大的人口。2016年間，暴力事件在巴西境內從一個地方轉移到另一個地方：大城市的謀殺率下降，但小城市的謀殺率上升。在馬拉巴和維亞芒，一年內凶殺案增加了20%；而在巴西人口最多的城市聖保羅，從2014年到2015年，謀殺案減少55%。

巴西與墨西哥和中美洲不同，有證據顯示總體上稍有改善：全國凶殺率從2014年的每十萬人二十九人下降到2015年的二十七人，這是有資料可供參考的最近一年。儘管如此，憑藉著龐大的規模，巴西仍然是世界的謀殺首都：2015年有五萬六千兩百一十二人在當地遇害。

拉丁美洲以外只有兩個國家包含了名列前五十的城市：美國和南非。美國是這個名單上唯一的富裕國家，謀殺案飆

殘酷大街

每十萬人凶殺案，五十個最高城市*，2016年或最新

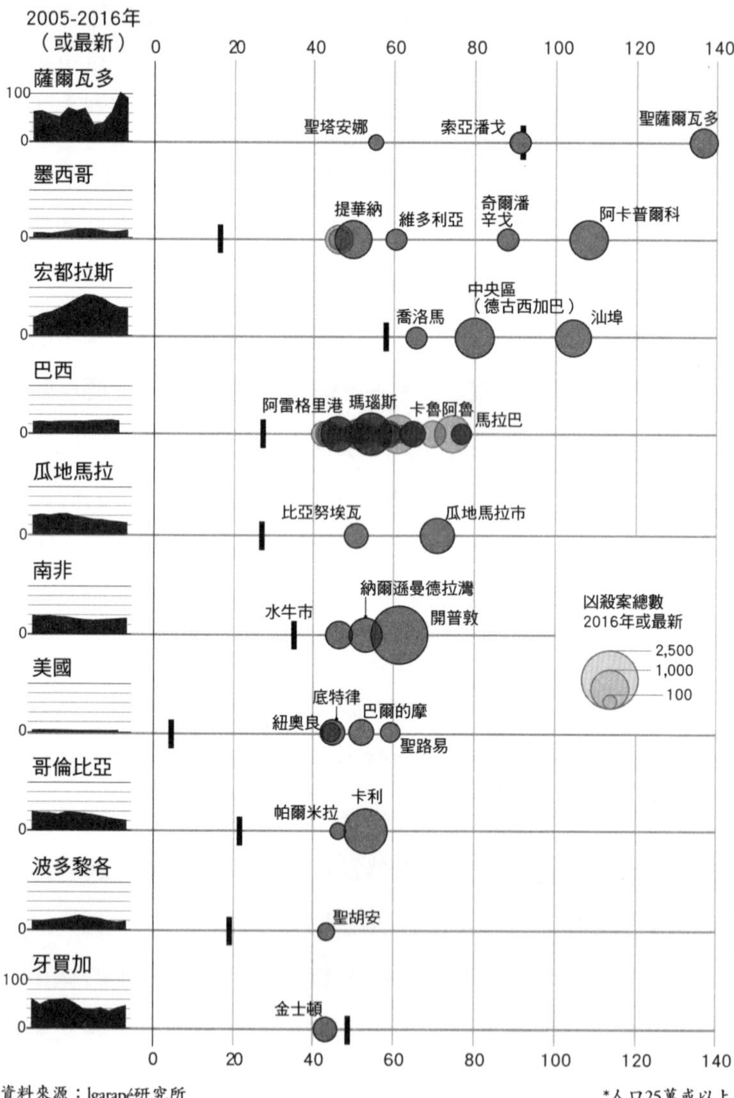

資料來源：Igarapé研究所

*人口25萬或以上

升，促使底特律和紐奧良這兩個城市也跟聖路易斯與巴爾的摩一樣，出現在2015年的名單上。這兩個城市的謀殺率約為全國平均謀殺案件數的十倍，而全國的平均數字是每十萬人有四點九件謀殺案。南非是這個排名中唯一在美洲以外的國家，兩個新城市納爾遜曼德拉灣和水牛市已被列入，主要是因為該國的資料收集持續改善。去年南非的凶殺率上升5%，但其他暴力犯罪率下降。

20 為什麼英國年輕人犯罪率變低？

與許多富裕國家一樣，英國的犯罪率持續下降。在英格蘭和威爾斯，犯罪率降幅更大：自1990年代中期以來，犯罪件數減少一半。自1995年以來，車輛盜竊率減少86%，盜竊案減少71%。英格蘭和威爾斯犯罪調查（Crime Survey for England and Wales）是衡量違法的最可靠標準，它是根據受害者而非肇事者的經驗。但來自其他地方的證據顯示，違法行為大幅減少包含了另一個更為明顯的下降趨勢：年輕人的犯罪率。

年齡介於十歲（英格蘭和威爾斯的刑事責任年齡）和十七歲首次進入刑事司法體系的年輕人數目已經減少，自2006年以來下降了84%。相較之下，成年者人數的降幅只有46%。這些數字一部分是反映出一項事實：警方揚棄績效達標的作法，使得他們逮捕行為不檢年輕人的誘因下降，畢竟逮捕噴漆青少年比抓竊賊容易。但青少年犯罪率降幅非常顯著，幾乎可以肯定現在的青少年比以往更守法。其他衡量方法也支持這個論點。根據犯罪調查所訪問的暴力受害者，在2006年至2016年期間，他們認為攻擊者年齡在十六歲或以下的比例幾乎減半，從14%降至8%。在2012年至2015年期間，中學中輟生的比例從8.3%降至7.5%。在德國、荷蘭和美國等國家，被捕的青少年人數也出現下降趨勢。

青少年變得更守法的原因，與年長者守法的情況類似。他們以往會偷竊的物品，例如電視機和汽車音響，已經沒那麼值錢，所以不值得偷。防盜警鈴等保全措施使得闖空門更難，中控鎖和其他安全功能讓偷車變得更棘手。更好、更智慧的治安也有幫助，但有些因素可能特別有助於降低年輕人犯罪率，尤其他們現在更節制地生活。在2001年至2014年間，自承試過毒品的英國孩子比例減半；而在成年人中，這個數字幾乎不變。2014年，十一至十五歲的人中，只有38%的人承認喝過酒；1988年，超過60%的人表示曾喝酒。

貝德福德郡大學（University of Bedfordshire）的提姆．貝特曼（Tim Bateman）認為，這種更為清醒的生活方式以三種形式影響犯罪率。減少吸毒意味著較少犯法以張羅買毒的費用，持有和購買毒品相關的犯罪也減少了；孩子如果沒有酗酒或吸毒，犯罪的可能性也會降低。科技或許也有助於使世界不致犯罪猖獗，每天花數小時在電腦和智慧型手機上，是一項良好的替代方案，可以讓孩子不致為非作歹。根據倫敦經濟學院的研究人員在2012年進行的一項研究，英國兒童花在網路上的時間更長，並且比歐洲平均年齡更早開始上網。這些趨勢預示未來前景良好：研究顯示，守法的孩子更有可能成為守法的成年人。

21 汽車顏色如何反映英國國民情緒？

據說買車者會選擇反映本身個性的車輛。在英國，顏色也可能反映民族情緒。1990年代末，英國人購買鮮明原色的汽車，或許是反映了東尼·布萊爾（Tony Blair）的新工黨（New Labour）政府早年的樂觀情緒。接下來的幾年中，隨著經濟穩步發展，他們選擇了明智的灰色和銀色。當經濟困境在金融危機後接踵而至，黑色車子大行其道，市場情緒漸趨悲觀。

白色汽車的受歡迎度比較難解讀。這種車以前很不受歡迎，以至於警方基於轉售價值太低而停止採用。白色汽車的崛起和進入新局面的英國幾乎同步，當時大衛·卡麥隆（David Cameron）聯合政府推行的政策開始收效，逐漸扭轉英國的悲觀情緒。或者，排除有顏色的車子，是「不做出確定選擇」的另一種方式。至少回頭採用黑色汽車更容易理解，因為德蕾莎·梅伊（Theresa May）政府霉運纏身和對英國脫歐的擔憂，使英國駕駛人心中的前景變得暗淡。

回到黑色

英國，新車註冊數，按照最喜歡的顏色

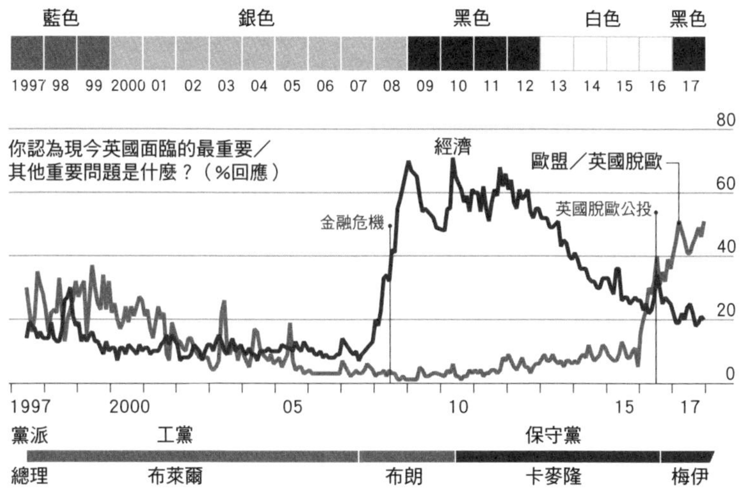

資料來源：汽車製造商和貿易商協會；Ipsos MORI

22 為什麼瑞典人會溢繳稅款？

瑞典人和北歐地區的其他人民在納稅方面有多不正常？大家對歐洲一般刻板印象有些道理：與愛避稅的南歐人不同，北歐人心甘情願繳付稅款，以獲得廣泛、有效率的政府服務——並且生活在收入分配異常公平的社會中。在瑞典，即使經過多年大幅削減稅收（2005年廢除遺產稅，2007年廢除財富稅，公司稅低至22%），國家要求申報的國民收入比例仍然很高。主要由富國組成的俱樂部經濟合作暨發展組織（OECD）估計，2014年瑞典政府支出佔GDP的51%以上，富人的所得稅率可能高達57%，瑞典人對此都是乖乖照辦。

社會學家、經濟學家和其他人長期以來一直在爭論這種願意為公共利益而繳稅的態度。路德會（Lutheran）對支持整個社區的重要性深信不疑，這種信念可能是一個因素，再加上在文化同質性上有強烈意識，又或許數個世代依偎在一起捱過漫長、黑暗的冬天起了作用。

然而，2017年2月來了一個新難題，有證據顯示，有些瑞典人故意超額繳稅。從該月公佈的官方資料來看，2016年稅收的成長速度遠比預期快。那年瑞典政府的預算盈餘為八百五十億瑞典克朗（九十五億美元），其中將近一半

（四百億克朗）是企業和個人超額納稅的結果。此舉似乎是故意的，也造成負責償還和管理資金的公務員難題。發生了什麼事？

事實上，這並不表示北歐人渴望納稅的某種新文化或極端文化。原因在於財務，是負利率造成的怪異結果。從2015年3月開始，瑞典央行和其他瑞典銀行一樣，將利率維持在0%以下，以避免通貨緊縮。與此同時，政府當局承諾在退錢給納稅人時，為針對這些多繳的稅金提供0.56%的年利率。即使當局後來把納稅帳戶的利率調降為零，對個人和企業來說，以超額繳稅的形式將積蓄存放在政府，還是比眼看鈔票因銀行負利率而縮水來得好。

官員和政治人物通常會吹噓不斷增加的預算盈餘，但瑞典的官方統計學家並不覺得振奮。向納稅人借錢（透過收取超額稅款再償還），成本比利用其他方式籌措資金更高，而且也不太清楚那些超額繳稅者何時會把錢要回去，讓管理資金的流動變得棘手。瑞典的負利率原本預計會在2018年初調升，時程卻延後了，這顯示超額繳稅也將比預期維持得更久。南歐國家或許會很樂意面臨這種「問題」，然而在瑞典，官員們更偏好納稅人冷靜下來——而且少付一點稅。

23 如何繪製全球的超級富豪圖？

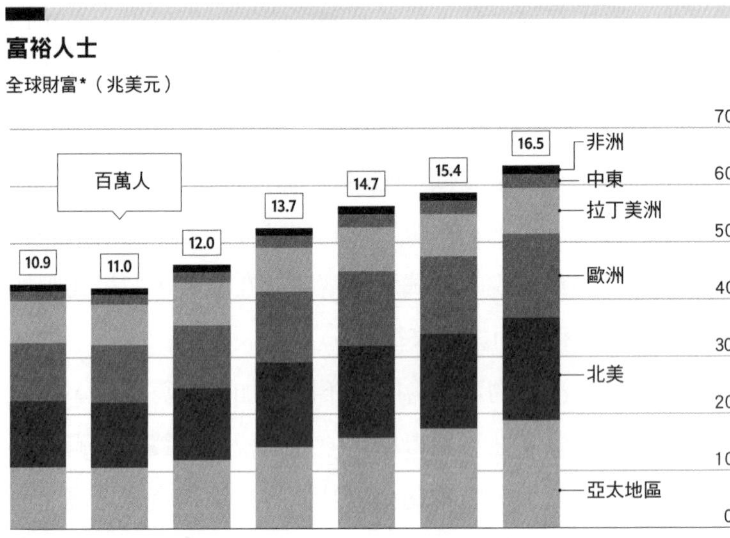

根據凱捷顧問公司（Capgemini）的「全球財富報告」，全球富裕人士的人口在2017年成長了7.5%，達一千六百五十萬人。富裕人士持有至少一百萬美元的可投資資產，不包括主要住所、室內物品和收藏品。2017年富裕人士的財富總額達到六十三兆五億美元，其中最高的比例集中在亞太地區。

由於中國和日本股市表現下滑，亞太地區財富成長速度減緩至8.2%。但如果亞洲財富（未來新成長的最大來源）每年成長9.4%，全球富裕人士的財富將在2025年超過一百兆美元。

24 為什麼算不出奈及利亞有多少人口？

奈及利亞是非洲人口最多的國家，這是它引以為傲的稱號。根據世界銀行的資料，2015年它擁有超過一億八千兩百萬人口；到2050年，它可望成為世界人口第三大的國家，僅次於印度和中國。但那些數字是基於奈及利亞2006年的人口普查，而這項人口普查可能誇大了人口數字。國會席位和中央政府資金是根據人口分配給各州，使得政客有虛報人數的動機。2013年，國家人口委員會（NPC）主席費斯特斯．歐迪梅格烏（Festus Odimegwu）表示2006年人口普查和以前的人口普查都不準確，不久之後他便辭職（當時政府說他遭到解職）。

自殖民時代以來，奈及利亞的人口統計一直備受爭議。這個國家是從兩個英國殖民地合併：基督教徒占大多數的南部，以及穆斯林占主導地位的北部。在1960年獨立的預備階段，南方人指控英國人在北方虛構絕大多數人口，認為他們偏袒北方。1962年的非官方人口普查資料顯示，一些東南地區的人口成長率在十年內高達200％。完整的資料從未公佈，北方領導人重新統計，此舉適時顯示他們仍擁有絕大多數人口（北方地區顯然成長了84％，而非原先估計的

30%）。這種政治拉攏活動導致多起政變，當時稱為「東部地區」的區域曾企圖獨立，還引發一場內戰。

南北分歧仍然顯著；目前還有一條不成文的規定，即總統應該輪流由北方人和南方人擔任。北方持續被指控以操縱手法使自己成為人口多數地區。1973年和1991年的人口普查被廢除。2006年，有九百四十萬人被算進北方的卡諾州，相較之下只有九百萬人被算進商務之都拉哥斯，爭論因此爆發。拉哥斯州政府進行自己的人口普查（嚴格來說是非法的），得出一千七百五十萬人的數字（可能過度高估）。新的全國人口普查一再被延後，國家人口委員會估計人口普查將「吞噬」二千二百三十億奈拉（七億零八百萬美元），這可能意味著人口統計會無限期延後。

即使採用其他方法計算，也很難確定奈及利亞的人口。「非洲城市計畫」（Africapolis）是法國資助的一個研究項目，它使用衛星測繪來估算2010年的城鎮人口，發現幾個城市(大多是北方城市)比2006年的人口普查數量少了幾十萬。但即使這些資料也不完全能夠信賴：後來發現研究人員低估了人口密集的尼日爾三角洲的城市化。在進行準確、公正的人口普查之前，不可能知道究竟有多少奈及利亞人。這意味著政府的政策不會完全根據現實情況，也不可能把資源送到需求最孔急的地方。

25 為什麼龍年出生的中國孩子更成功？

龍向來在中華文化中備受崇敬，因此在十二生肖龍年出生的孩子（或稱「龍子龍女」）被認為注定日後會成功。路易斯安那州立大學的兩位經濟學家南西・莫肯（Naci Mocan）和韓宇（Han Yu，音譯）決定調查這種迷信。

研究人員指出，華人父母似乎偏好養育龍子龍女，而非其他生肖的孩子，例如屬羊的孩子。中國出生的嬰兒數量在2000年和2012年飆升，這兩年是距離現在最近的龍年。台灣、香港、新加坡和馬來西亞的出生率也遵循類似的模式。但中國的「一胎化政策」使得父母很難將孩子的出生時間安排到龍年，這減少了十二生肖對生產的影響。

有幸在龍年出生的孩子在學校似乎表現良好。作者檢視了一萬五千名中國中學生的一些考試分數，發現龍子龍女在國文和英文考試中比同齡人分數更高。此外，針對另一個資料集所作的分析顯示，龍子龍女上大學的可能性比其他人高出11%。在考慮家庭背景、認知能力和自尊心時，這些研究結果仍然適用。研究人員認為，龍子龍女的不同之處在於父母對他們的信任程度。

龍子龍女的父母往往會花更多金錢和時間來教育他們，

龍子龍女

中國

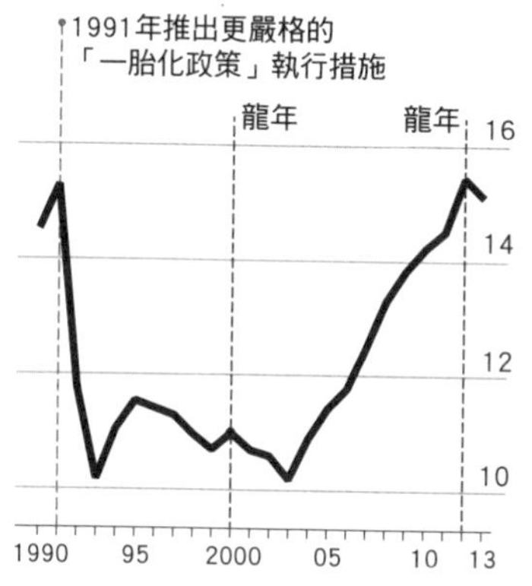

資料來源：「迷信可以創造一個自我實現的預言？中國龍子龍女的學校成績」，路易斯安那州立大學的莫肯和韓宇；政府統計數字

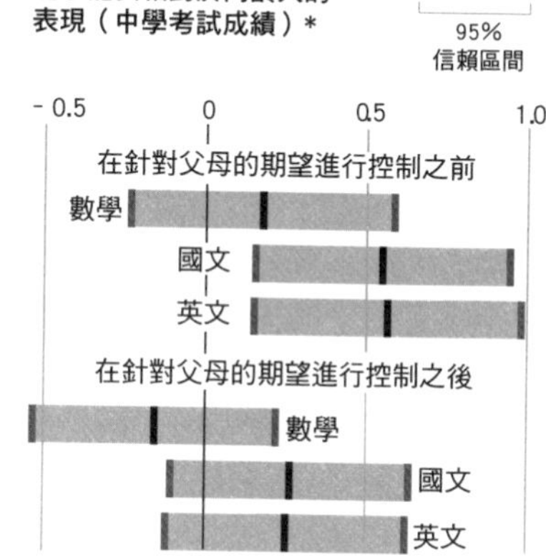

*平均成績為70分的考試

這樣的父母更有可能與老師交談、讓孩子讀幼稚園，也會提供更多零用錢給孩子。與此同時，父母較少讓龍子龍女幫忙做家事。當這些因素被控制時，龍子龍女的學業優勢便消失了；在龍年出生，似乎並沒有什麼固有的特殊之處。相反地，作者認為，龍子龍女的成功是一種自我實現的預言。

PART THREE

性的選擇：

愛情、性愛與婚姻的常識

Q 核彈警報對色情網站的影響有多大？

（1）流量增加100%

（2）流量增加50%

（3）流量增加25%

（4）沒有影響

——答案詳見P.85

Q 女人認為男人哪種舉止不可接受？

（1）邀請一起喝酒

（2）挑逗地吹口哨

（3）把手放在對方的腰背上

（4）各國差異太大，難以定論

——答案詳見P.89

26 為什麼精子銀行業會蓬勃發展？

精子捐贈這一行，曾經會讓人聯想到打算賺點快錢的學生，如今它已是一門龐大的生意。1980年代開始流行的愛滋病疫情，為這個行業的非正式性劃下句點，後來隨著檢測和處理捐精的成本與風險增加，醫務人員們退出，創業家迅速填補這個缺口。現今，精明的精子銀行——特別是那些有能力做出口業務的精子銀行——可以透過供應不斷成長和變動的市場來創造極可觀的收入。企業如何在精子行業中賺錢？

有兩件事為創業家提供了沃土。首先，各種監管干預意味著在某些國家，流量沒有跟上需求。包含英國在內的幾個地方，匿名捐精並不合法；在另一些國家，捐精者無法獲得報酬。這兩個原因都有助於解釋，為什麼這些地方的精子銀行很難招募到捐精者；捐精人數太少造成等候購精者大排長龍，促使顧客改到國外購買。其次，對現代家庭結構的接受程度提高，許多人對自己欠缺的某種關鍵成分也有更多需求。以前絕大多數顧客是不孕的異性戀夫婦，如今雖非多數、也有很多是女同性戀伴侶或單身女性。有些國家禁止這類婦女以捐贈的精子接受治療，於是她們改到國外購買。

最聰明的企業得知市場中的這塊缺口，將產品直接賣給那些難以在本國市場招募捐精者的精子銀行和診所。有可能賺到更多錢的事業模式，則是直接賣給一般使用者。拜網際網路、乾冰和DHL快遞公司之賜，顧客現在幾乎隨時隨地可以買到精子，並請賣方寄到家中。

有些美國精子銀行吹噓說捐精者每個月可以賺到一千五百美元，這可能得要求捐精者幾乎處於禁慾狀態。單次捐精一般酬金約為一百美元，一次捐精通常可以分裝多達五小瓶，每瓶售價在五百到一千美元之間。大多數顧客會購買不只一瓶。儘管成本包含招募捐精者、檢測與重新檢測、儲存和行銷，利潤還是很高。

然而，精子銀行必須努力招徠顧客。有些人會藉由強調自家「產品」的安全性來做區隔。其他人則是在熱門約會網站上打造自己的網站，聚焦於「使用者體驗」；在這些網站上，顧客可以透過專屬的特點（例如眼睛顏色、教育或嗜好）過濾候選者。有些銀行會額外收取資訊費（一張童年照片二十五美元等），或採用索費數百美元的高價訂閱，提供對購買者附上額外的資訊、讓顧客提早接觸捐精者等服務。

即便是最激進的自由市場自由主義者，也在討論性細胞（和其他身體組織）是否應該像其他任何產品一樣易於交易。為了保護由捐贈精子生下的兒童之利益，我們有充分理由採取基本的監管措施，以確保所有精子在出售前都經過某些疾病檢測。但是，關於誰可以使用捐贈精子受孕的道德政策，既具有歧視性，在電子購物時代也無效。更普遍地說，過度限制性的政策、精源短缺和更高的價格（精子價格在過去十年間大約漲了一倍），似乎正在推動顧客進入其他供應來源，包括明顯不誠實的國際灰色市場。國家監管機構加入這個潮流而不是試圖阻止它，會比較明智。

27 在夏威夷的烏龍核彈警報中，色情消費有什麼變化？

核浩劫的威脅，對冷戰期間長大的美國人相當熟悉，現今大多數人對此卻是無感。2018年1月13日星期六，原以為滅絕的憂慮重新浮現。當天上午8點07分，夏威夷居民被手機上一則緊急通報驚醒，警告有導彈來襲，請盡速避難。直到上午8點45分，政府才澄清警報是誤發，並沒有導彈的威脅。這起事件雖然讓相關者感到恐懼，卻為人類的心靈提供了一個獨特的窗口。不出所料，在那些令人困惑的時刻，Google搜尋「防空洞」等詞語的頻率激增。但比較無法預測的是，當天早上另一個網站也看到它的流量大幅波動：Pornhub。

Pornhub是全球最受歡迎的色情網站，從它的資料來看，在導彈警報發出後，夏威夷地區的網站瀏覽量立即急劇下降，一直到威脅被發現為誤報之後大約十五分鐘，才恢復到正常水平。但當夏威夷人恢復正常生活時，顯然許多人已習慣上網減輕被壓抑的焦慮。與星期六的平均流量相比，上午9點19分就達到頂峰，當時Pornhub的瀏覽比平時高出48％。夏威夷人的熱情燃燒得很快，上午9點30分，Pornhub的資料顯示，在這個美國第50州，一切照舊。

如釋重負

2018年1月13日，夏威夷地區的 Pornhub 流量，與平時的週六流量相比（差異百分比）

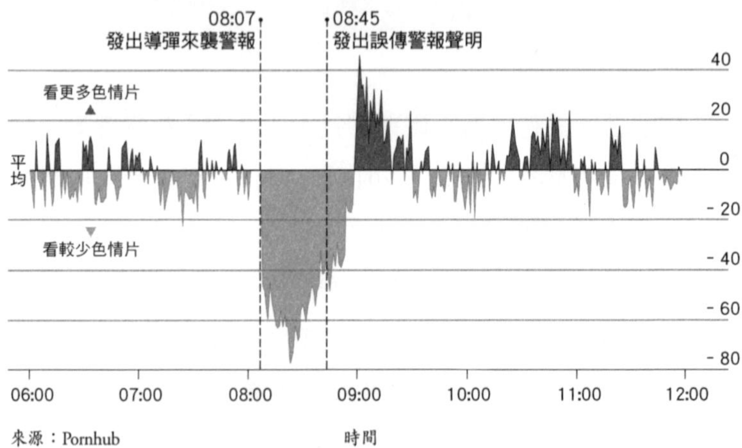

來源：Pornhub　　時間

28 為什麼某些歐洲國家的跨性別者被迫絕育？

性別重置（變性）之路涵蓋一些非常艱難的領域，其中包含荷爾蒙治療、可能要動的手術、社會污名和歧視。在許多歐洲國家，要獲得法律認可進行變性是極為困難的事。雖然馬爾他、愛爾蘭、丹麥和挪威的公民只要跟當局通知他們的決定即可，但在其他地方，這個過程需要司法同意、甚至精神障礙的診斷。瑞士、希臘和其他十八個國家（主要是東歐）也有最後的關卡：絕育。為什麼會這樣？

絕育的規定背後反應了優生學的黑暗面。1970年代初，瑞典成為世界上第一個允許跨性別者合法變性的國家，但也對應制定了嚴格的絕育規範，理由是這些人被視為精神病患者，不適合照顧孩子。（世界衛生組織仍然將「變性症」（transsexualism）列為精神和行為障礙，將其描述為「以異性身分生活和被接受的一種慾望」。）瑞典的優生學法原本規定，女性若被視為有精神缺陷，或是罹患「無法照顧子女」的其他殘疾，則一律實施絕育，直到四十二年後，也就是1976年時，這項法律才被廢止。但絕育仍然是2013年之前性別重置的一個條件。此時，其他國家也紛紛跟進，並採用相同的做法。

國際特赦組織估計，歐盟大約有一百五十萬名跨性別者（性別認同與生物性別不同的人）。儘管歐洲在LGBT（女同性戀者、男同性戀者、雙性戀者與跨性別者）權利上被廣泛視為相當進步，但跨性別者權利仍然最落後。性別重置涉及的過程因國別而有重大差異，其中大多數國家需要醫療介入和法律文書工作的複雜組合。

強制絕育是最具爭議性的措施，引發LGBT運動倡議者和聯合國的批評。某些狀態被認為可能與堅守這些條款的家庭價值觀不一致，例如男人生育或女人當孩子父親的想法。但是在2017年4月，歐洲人權法院裁定三名法國申訴人勝訴，理由是強制絕育侵犯了他們的私人和家庭生活權利——這是《歐洲人權公約》所保障的權利。

歐洲人權法院的裁決對法國具有約束力，這代表仍然堅持跨性別者絕育的二十個國家的法律違反了《人權公約》，但它並沒有強令這些國家進行改革。運動倡議者說，在歐陸達成任何法律共識之前，可能需要幾個類似的法院案例。然而，一般人對跨性別者的了解正在擴大，包括了解其中許多人不欲進行手術。在某些國家，社會組織對於性別並不特別要求：荷蘭議會正在考慮官方文件是否應該記錄性別。

29 一般人可接受男性哪些行為，看法又如何因年齡、性別和國籍而異？

哈維・溫斯坦（Harvey Weinstein）性醜聞風波只是冰山一角。在多起針對這位好萊塢著名製片人的性騷擾指控公開後的一個月裡，一連串有權有勢的男子被指控性侵和騷擾同事。社交媒體上的「我也是」（#MeToo）主題標籤，用來標記曾有過類似經驗的人們張貼的貼文，短短幾週內被使用了將近五百萬次。

突然湧至的指控提高了人們對性騷擾普及程度的認識：2017年10月NBC新聞和《華爾街日報》的一項民意調查中，49%的男性受訪者表示，這則新聞讓他們思考自己對女性的行為。但究竟哪些行為逾越界限，各界沒有明確的共識，不同國家和年齡層的人似乎採用截然不同的定義。

在2017年10月和11月期間，民意測驗機構YouGov對五個西方國家的人們進行調查，了解男性對女性的一系列行為是否構成性騷擾。調查的問題涵蓋了通常無害的行為（例如要求一起去喝酒）和明顯的性要求。受訪者的看法涵蓋範圍相當廣，當中一致出現的模式是世代落差。一般來說，年齡較小的受訪者會比年齡較大者，更傾向於認為某種行為已經逾越界限。例如，三十歲以下的英國女性受訪者，有超過半數表示挑逗地吹口哨是不可接受的；但六十四歲以上的受訪者之中，只有不到五分之一的人會這樣認為。

男性和女性對特定問題出現歧見。對於將手放在女性腰部上，或者對女性吸引力過度評論的男性，兩性往往抱持類似的看法。然而，女性受訪者遠比男性受訪者更不能容忍男性看著女性的胸部：例如，在六十四歲以上的美國人中，一半的女性表示她們會認為這種擠眉弄眼是性騷擾，而只有四分之一的男性認為如此。男女看法不同的第三個來源是國籍。例如，瑞典男人似乎有權對女性說黃色笑話，只有四分之一的人表示這種行為是騷擾；相較之下，四分之三的美國男性認為這是不可接受的。同樣地，四分之一三十歲以下的法國女性甚至認為要求一起去喝酒是一種騷擾，而英國和德國幾乎沒有人同意這種觀點。

針對溫斯坦的指控所引發的連鎖效應，說明了一件事：男性在職場濫用職權的情形已經被忽略太久了。雇主可能了解一些必要的規範，但鑑於對性騷擾的定義幾乎莫衷一是，若想確保有個自在的工作環境，或許需要更明確界定可接受行為的界限。

我的視線在這裡

「如果某個並非浪漫伴侶的男人對女人做了以下事情，你會認為是性騷擾嗎？」
2017年10月至11月所作的調查，%表示「總是」或「通常」，按年齡和性別區分

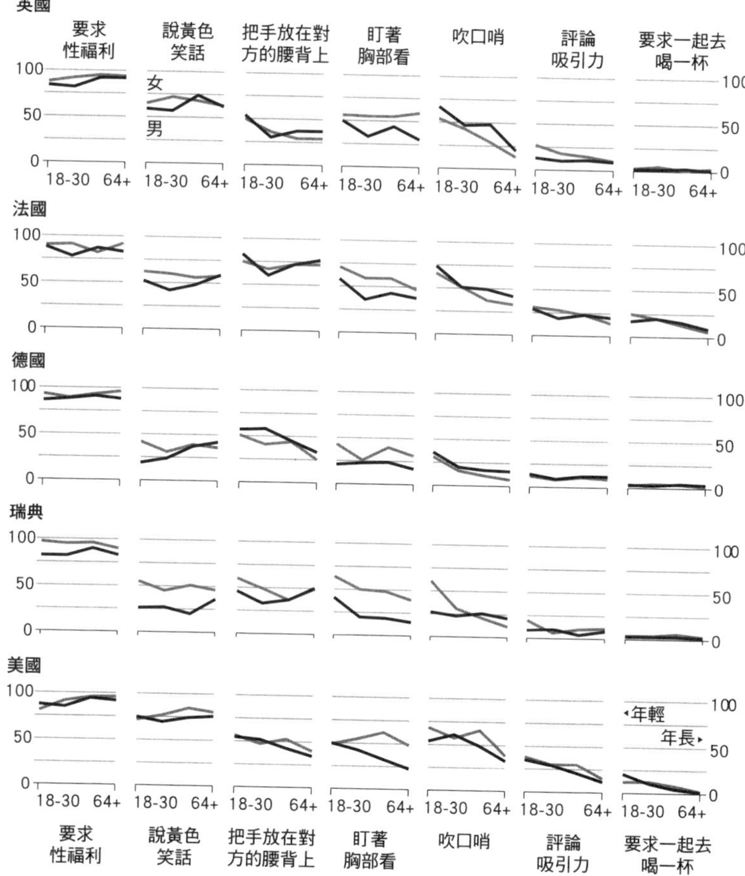

資料來源：YouGov；《經濟學人》

30 色情和名錄網站如何揭開英國同性戀人口的秘密？

在英國議會通過「1967年性犯罪法案」半個世紀之後，同性戀行為部分合法化，同性戀生活圈比以往任何時候都更為蓬勃發展。根據北卡羅萊納大學教堂山分校（University of North Carolina at Chapel Hill）政治學教授安德魯．雷諾（Andrew Reynolds）的說法，英國以擁有世界上最具同性戀色彩的立法機構為傲：2017年6月當選的六百五十名議員中，約有四十五名是出櫃的同性戀或雙性戀者。根據同性戀假日指南《斯巴達克斯世界》（Spartacus World）製作的年度排名「同性戀旅遊指數」（Gay Travel Index），英國也與瑞典並列為最不歧視同性戀的國家。

儘管英國人愈來愈常在電視上看到同性戀政治家以及虛構人物，但有關同性戀生活圈最集中在哪些地區的資料依舊十分缺乏。民意調查通常會發現，大約四分之一的人表示他們覺得自己有點受同性戀吸引，但年度人口調查（Annual Population Survey）中只有2%的受訪者說自己是非異性戀者——這個群體太小，無法提供精確的區域分佈圖。但是分析兩個資料集可以提供更清楚的觀點。

第一個資料集嘗試判斷同性戀者分佈在哪些地方，並由

Pornhub.com的洞察團隊提供。Pornhub.com是廣受歡迎的色情網站，這項視訊串流服務每天吸引五百萬名英國訪客，其中5.6%的人會觀看同性戀內容（此數據不包括女同性戀色情內容，那類影片的主要觀眾是異性戀男性）。按郡分類時，資料顯示，每個郡的同性戀者在地理分佈上差異非常小：97%的人所住地區的同性戀者比率，與全國同性戀者平均數的差異在一個百分點以下。由於某幾部分人觀看色情影片的頻率比其他人高，無法從這些數字看出英國同性戀者究竟有多少人，但這確實意味著同性戀者在英國各地分佈非常均勻。

第二個資料集的目的是描繪同性戀的能見度，來源包括從幾個名錄網站（listing sites）上抓取場所和活動的紀錄，並僅選擇專供同性戀或雙性戀者活動的組織。這些紀錄可能不完整，因為這些列表是由用戶產生的，而同性戀酒吧正以驚人的速度收店。《經濟學人》的資料團隊總共發現了六百七十五個組織，包括夜店、自行車隊到教會團體，種類繁多，但位置非常集中。例如，倫敦西區的人均活動件數是蘇格蘭高地和島嶼的二十五倍，其他繁忙、自由的城市通常也擁有很高的同性戀活動密度。

總的來說，這些資料集顯示，許多同性戀者居住在鄉村地區，但是沒有他們在鄉村活躍的明顯跡象。不過情況似乎正在改變。專用約會App對認識附近的伴侶變得更容易，也由於一般人的態度已不像早年那樣偏執，如今年長的同性戀者更願意搬到鄉下，那裡也有少數幾家同性戀友善飯店和民宿。繼倫敦之後，下一個最公開的同性戀地區被發現是鄉村風的德文郡，這是五次的年度同志驕傲活動（Pride events），以及2017年9月假達廷頓（Dartington）大廳酒店舉行的一個酷兒藝術節所在之地。幫助安排籌劃這次活動的塞里．戈達德（Ceri Goddard）說，「它提醒當地人，他們之間有成千上萬名同性戀者」。由於英國人逐漸更寬心看待公開表示自身性取向的人，預料在鄉村地區會看到更多此類活動。

傳送出你所在的位置

英國，2017

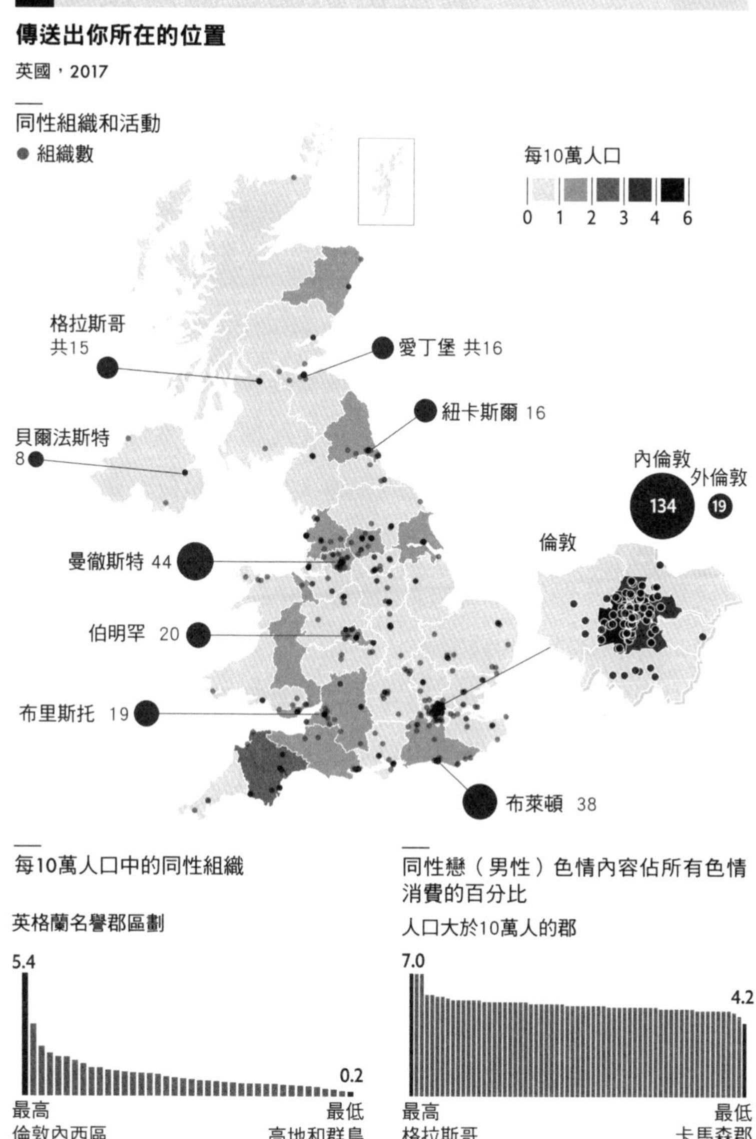

資料來源：歐盟統計局; pinkuk.com; upnorthdownsouth.co.uk; queersaunas.co.uk; pridesports.org.uk; wikishire.co.uk; lgbtconsortium.org.uk; Pornhub.com;《經濟學人》

31 全世界對同性關係的態度是如何？

在西方，很少有民權運動像同性戀權利運動那樣迅速而全面地佔上風。在美國，對同性婚姻的支持率從1996年的27%上升到2017年的64%——比1960年代末開始接受跨族裔通婚的速度更快。愛爾蘭已經從擁有極少數公開出櫃的同性戀公眾人物，進展到同性婚姻合法化和擁有同性戀總理。但是世界其他地方呢？中國人或秘魯人如何看待同性戀權利？就此而言，安哥拉的居民有何看法？國際女同性戀、男同性戀、雙性戀、跨性別和跨性別協會（ILGA）匯編的數字，提供了一些耐人尋味的線索。

有個直接明確的衡量標準，是非常贊同平權和保障應該適用於每個人（包括受同性吸引者）的人數所占比例。毫不令人訝異地，大多數美國人、西班牙人和瑞典人都把自己歸類於那個陣營。比較令人驚訝的是，與阿根廷人、巴西人、智利人或墨西哥人相比，美國人對同性戀權利的關注程度要低一些。

最令人驚訝的是非洲的結果。雖然阿爾及利亞、埃及和摩洛哥這些北非國家普遍反對同性戀權利，但撒哈拉以南的非洲看起來相當自由。安哥拉、迦納、肯亞和莫三比克的態度與美國相當，比中國或日本更為自由。南非是世界上第五個將同性戀婚姻合法化的國家，似乎比美國或英國更熱衷於同性戀權利。

這有可能是真的嗎？ILGA的數字來自RIWI，這家公司採用一種很少見的徵求意見方法，稱為「隨機網域攔截」（random domain intercept）。當有人輸入不正確的網域名稱時，就可能會落在RIWI所擁有的網站，該網站（在檢查用戶不是機器人之後）會要求他們完成意見調查。因此，這是一項針對「打錯字的網友」進行的調查，而非針對一般人的調查。而安哥拉鄉村地區對同性戀的態度，很可能與盧安達使用網路的階層態度不同。不過這個結果仍具有啟發性。如果有相當多使用網路的中產階級非洲人改變主意，轉而接受同性戀權利，那就太好了。非洲和亞洲的同性戀權利戰將是一個漫長而艱難的過程，無論灘頭堡有多小，都將大有幫助。

異性戀同心一志

「平權和保障應該適用於每個人，包括在浪漫愛情或性方面受同性人士吸引的人」（強烈同意的%）

2017年7月至9月

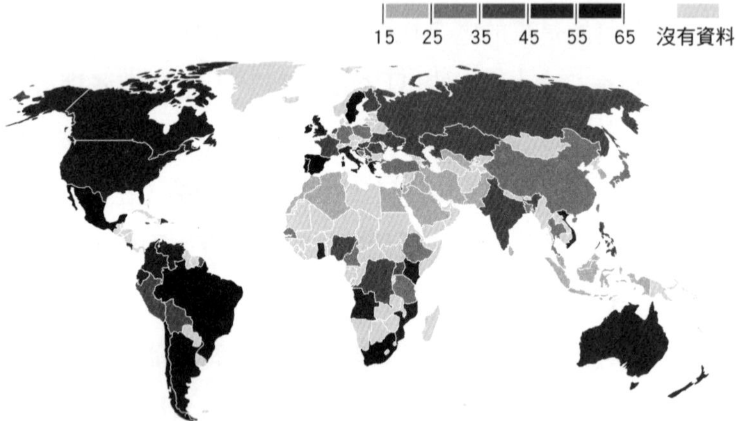

資料來源：ILGA-RIWI關於性、性別和性少數群體的全球態度調查，2017年

32 為什麼有伴侶的人比單身者做更多家事？

單身人士請注意：如果你結束單身生活，到頭來你可能會比以前做更多的家事。在富裕國家，有伴侶的人花在家務的時間比單身的人還多。有伴侶的女性額外的負擔最大，每週平均比單身女性多做五個小時的家事；有伴侶的男性只會多做半小時。對大多數人來說，家事既無聊又乏味，為什麼有伴侶的人會花更多時間在這些家事上——而且為什麼對女性來說差異會更大？

答案不僅是因為有伴侶的人更可能生孩子，而孩子會製造混亂。塞維利亞大學的克莉斯汀娜．波拉（Cristina Borra）、牛津大學的馬汀．布朗寧（Martin Browning）和倫敦瑪麗女王大學的阿慕德娜．塞維亞（Almudena Sevilla），研究了美國、英國和澳洲的人們平日如何分配時間的詳細資料。這些研究人員將照顧孩子的時間先排除掉，同時檢視沒有孩子的伴侶，結果有伴侶的人仍然要花很多時間做家事。他們認為，也許差異在於伴侶的人格類型。整潔型的人可能比混亂型的人更容易找到伴；也或許是伴侶中的女方花較少時間賺錢養家，把多出來的時間用來料理三餐。

研究人員在人們步入家庭後觀察他們一段時間，檢視日常家務（例如烹飪、清掃和整理），以及不定期的家務（例如房屋修繕等）之間的差異。研究人員發現在日常家務方面，就女性而言，有將近一半的差異來自在共同生活後，女性會做更多日常家務。但男性的情況不同，排斥做日常家務的男性較容易進入有伴侶的生活，而這種男人額外會做的家事，是自己動手做東西或是家庭理財。經濟學家們破除了「女性花較少時間賺錢」的成見——就算把女性工作時數較少的案例考慮進去，男女在做家事方面的不平等還是存在。並非女人有更多空閒時間，她們只是做更多的家事。

如果有伴侶的人決定比單身時做更多家事，那是個人的選擇。如果有人盯著看，很難不去整理亂七八糟的家裡；精心烹煮的飯菜，兩人一起享用可能更愉快。然而，這項研究顯示的性別不平等更令人擔憂，不僅因為它本身就是問題，它還會阻礙職場女性。日常家務較難配合繁忙的工作計畫，釘架子卻可以在週末完成。男性可能會將此解釋為品味不同，像是假設女性比較喜歡或更重視做家務的成果；女性甚至可能會因應男性的短處，例如男性不會煮飯而自己去做。但女性或許不是喜歡做家事，而是想符合社會的期望。早在2012年發表的一項研究發現，雖然男性做家務的多寡會因他們對家務的厭惡程度而異，女性卻沒享受過這種優待。

33 男人和女人怎麼看待另一半的職業與家事？

在西方世界，女性從事文書和行政職位等低階工作的人數遠多於男性，管理和高級職位大多由男性擔任。這種工作上的性別差距，主要是由於女性在生育後，職涯為「母職懲罰」(motherhood penalty)所累。但另一個更微妙的因素，可能是這個問題的一部分。

《經濟學人》和民意測驗機構YouGov，向八個國家的人們詢問他們如何平衡工作和家庭。關於家裡大多數家務和育兒職責是否都落到女性肩上，男性表示同意的人數平均只有女性的一半，卻比女性更可能說這些任務有公平分配。受訪者還被問到，當第一個孩子誕生時，男方或女方是否有藉由縮減工時、改做兼職、或從事負荷較輕的工作（如較少出差或加班的職務），來減少工作的比重。這裡出現另一個認知差距：在每個國家，男性和女性都不怎麼說伴侶有做出調整，反而說是自己做了調整。

法國的觀念差異最大：55%的女性表示只有她們在工作上放慢速度，男性卻僅有前者的一半比例表示只有他們的伴侶有這樣做。這種差異在丹麥是最小的，男性和女性表示兩方都沒有做過調整的人數比例最高。（丹麥擁有世界上數一數二慷慨的兒童保育制度。）雖然尚不清楚究竟是男性還是女性更準確描述實際情況，顯然很多人不知道自己伴侶在生活上的實際情況。即使男人願意做更多家務，好讓妻子在工作上發揮所長，他們也不會想到有此必要性。在廚房餐桌上坦誠的溝通對話，可以促進性別平等。

認知差距

受訪國家的平均值（%），2017年2月

在你和伴侶之間，主要負責家務和照顧孩子的人是誰？

有配偶或伴侶的成年人

	我	公平分擔	伴侶	不知道
女性的回答	43	32	6	19

	伴侶	公平分擔	我	不知道
男性的回答	22	46	12	21

你們生了第一個孩子之後，是你還是伴侶縮減工作比例？

家裡有十八歲以下孩子的成年人

	只有我	只有伴侶	兩人都有	兩人都無	不知道
女性的回答	52	5	10	26	8

	只有伴侶	只有我	兩人都有	兩人都無	不知道
男性的回答	34	10	18	31	6

資料來源：YouGov；《經濟學人》

34 水力壓裂法如何提高出生率？

典型的美國家庭正在改變中，伴侶愈來愈不願意在生產之前以婚姻來確認關係。1960年，未婚女性的生育率不到十分之一，現在卻大約有五分之二的孩子是非婚生子女。經濟學家們想知道男性經濟情況的變化是否影響這些決定，卻很難釐清各種產生作用的因素。不過，最近有關該主題的新證據已經出現——例如用來開採頁岩天然氣和石油的水力壓裂法榮景，是否促進了家庭的形成？

有一點看起來有理：人們較不願嫁給經濟前景看衰的人。此外，對經濟學家來說，由於養孩子所費不貲，理當在經濟寬裕時人們才比較可能生兒育女。一些歷史證據支持這兩種假設。1970年代和1980年代的阿帕拉契煤業呈現榮景，結婚率確實上升，已婚夫婦生孩子的比例也隨之提高。最近由三位經濟學家大衛・奧特（David Autor)、大衛・多恩(David Dorn) 和戈登・漢森（Gordon Hanson）進行的一項研究發現，在1990年代和2000年代，工人面臨來自中國的進口競爭，他們的「婚姻市場價值」受到打擊。負面衝擊使人們對結婚生子失去興趣。

馬里蘭大學的兩位經濟學家梅麗莎・科爾內（Melissa

Kearney）和萊里・威爾森（Riley Wilson）進行的另一項研究，調查了近期美國水力壓裂法熱潮的影響。水力壓裂法為教育程度較低的男性提供了就業機會，兩位經濟學家想知道這種開礦法對婚姻內外的出生率有何影響。在某些地區，水力壓裂法促進了當地經濟；在某些地區，水力壓裂法毫無影響。科爾內和威爾森比較這兩個地區的婚姻和出生率，結果發現水力壓裂法對結婚率沒有幫助，但生育率確實上升了。他們發現以平均而言，人均壓裂產值每多出一千美元，就與每一千名女性多生的六個孩子相關。

調查結果證實了以下的假設：更好的經濟前景可以提高生育率，但也揭示了美國的社會態度正在改變：以往的繁榮時期意味著更多人結婚生子，現在只意味著多生孩子。為何會有這樣的轉變仍不明朗。人們是否結婚是個人的事，但這項發現確實令那些擔心結婚率下降是因為男性經濟前途惡化的人稍感安慰。顯然，其他因素正在起作用。

35 什麼因素可以解釋歐洲的低出生率？

維基解密（WikiLeaks）的創始人朱利安・亞桑奇（Julian Assange），同時也是業餘的人口統計學家，他擔心歐洲不斷下降的出生率。在2017年發布的一條推文中，他假定「資本主義＋無神論＋女權主義＝不育＝移民入侵」，並指出英國、法國、德國和義大利的領導人都沒有孩子。不過亞桑奇先生需要先找一本字典。「不育」是指無法參與受孕（通常是基於醫學原因，或因為男性進行輸精管切除術或女性將輸卵管結紮），而亞桑奇可能是想指稱沒有子女或不想要有太多孩子的狀況；進一步來說，減少生育是在現代避孕方法出現之前，女性可能會有卻無法採取行動的一種傾向。

亞桑奇的推文呼應了由克里姆林宮支持的新聞機構RT電視台（前身為「今日俄羅斯」）所表達的觀點。俄羅斯的宣傳者一直都認為，西方生育率下降證明了西方的式微。一篇RT的社論聲稱：「歐洲數十年來一直在進行長期的人口自我毀滅」。（俄羅斯的生育率為每名婦女生育一・八個孩子，比西歐平均生育一・六個孩子高不了多少。）批評者對亞桑奇的推文作出強烈的反駁：一個國家的出生率，極大部分是取決於該國的富裕程度。但亞桑奇的話有絲毫真實性嗎？

出生率確實與國民收入高低相關：擁有財富是一種強有力的避孕方法，這尤其解釋了歐洲的低出生率。但如果人均GDP是唯一重要的因素，許多歐洲國家的生育率卻低於預期。例如羅馬尼亞每名成年女性生育一．五個孩子，若純粹根據其經濟發展水準，該數字預計約為二．一。至於亞桑奇先生提到的因素又如何呢？繁榮、資本主義、世俗主義和女權主義，往往都在相同的地方找到。為了區分各種因素的影響，《經濟學人》測試了它們與不同國家生育率的關係。

為了衡量宗教傾向，我們的團隊以智庫皮尤研究中心的意見調查作資料。資本主義或女權主義的程度難以量化，但由另一個智庫傳統基金會（Heritage Foundation）以及聯合國開發計劃署（UNDP）的性別平等指數產生的經濟自由指數（economic-liberty index），可作為代表。

一旦將人均國內生產毛額納入考量，由此衡量出來的資本主義程度對於解釋出生率的變化並沒有額外幫助。性別平等和無宗教信仰的人口比例似乎確實發揮作用，但儘管這兩個特性可能有助於解釋為什麼東歐國家的出生率，遠低於中東和拉丁美洲那些收入水準相似的國家，這兩者卻都不能做為歐洲區域生育率的預測指標。在平等主義當道、宗教思潮不盛的斯堪地那維亞半島的出生率，與天主教義大利的出生率相當；在義大利，一般預期女性會照顧嬰兒和年長親屬。

簡而言之，儘管亞桑奇提出推測，但在資本主義和女權主義熱中程度上的變動，並不能解釋歐洲出生率的變化。此外，東歐和東亞國家往往都同時存在低生育率和微不足道的移入人數。因此亞桑奇的等式中的最後一項，亦即將低出生率與高移民率連結起來，其中完全沒有道理。

亞桑奇推文解密

生育率與財富的關係

生育率（每名婦女生育的人數），2015年

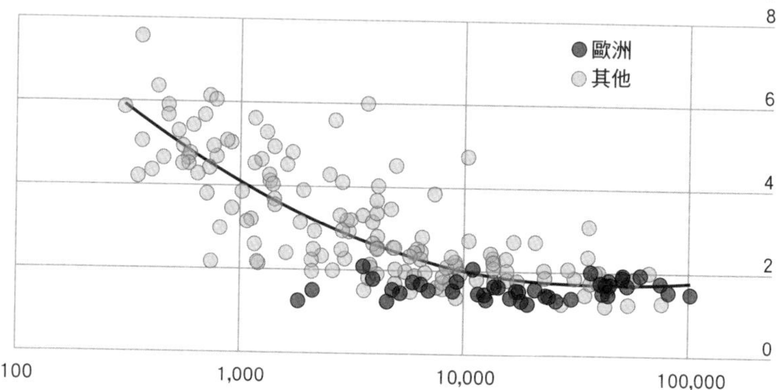

人均GDP，以PPP*為基礎，2015年，對數單位（log scale），美元

來源：世界銀行；《經濟學人》

*購買力平價

36 為什麼美國仍然允許童婚？

兒童婚姻在開發中國家很常見，其中三分之一的女孩平均在十八歲之前結婚。按照這個比例，到2050年將會有額外十二億婦女在未成年時結婚。全球二十個童婚比例最高的國家，幾乎都在非洲。鮮為人知的是，美國的童婚依舊普遍存在，而且幾乎都是女孩。美國外交官積極參與國際禁止童婚的行動，但美國兒童仍被允許結婚（儘管通常是在父母同意和法官或牧師的認可下）。

童婚在美國保守的宗教社區和貧困的農村地區最常見，不過在各種社經階級及非宗教性但信仰虔誠的家庭中也找得到。根據電視節目Frontline的一項調查，2000年至2015年期間，超過二十萬七千名美國未成年人結婚；其中超過三分之二的人是十七歲，九百八十五人是十四歲，十個人只有十二歲。二十七個州沒有訂定最低結婚年齡。令人鼓舞的是，童婚近幾年越來越不普遍，這反映了社會規範的變化、女孩入學率的上升，以及結婚率普遍降低。雖然有二萬三千五百名未成年人在2000年結婚，到了2010年，這個數字已降至略多於九千人。然而，即使從2014年這麼近的時期起算，仍有超過五萬七千名年齡在十五至十七歲的未成年人結婚。他們簽下可能是一生中最重要的法律合約，而在大半情況下，他們都不是法定成人，代表如果遭到虐待，他們不能訴請離婚、簽署租賃合約或在庇護所尋求保護。

在各種政治光譜都可以找到反對禁止童婚的人。社會保守派認為，早婚可以減少未婚生子以及領取社會福利金的單親媽媽人數；他們也希望宗教傳統和習俗受到保護。自由主義者則表示，婚姻應該是個人自由選擇，不該由國家規定。左派陣營中，美國公民自由聯盟（Civil Liberties Union）和提供生殖健康服務的全國組織「計劃生育協會」（Planned Parenthood）為童婚辯護，因為禁止童婚會侵犯結婚權。

支持禁止童婚的人則指出，孩子們若是認真對待彼此，可以等到十八歲再結婚；他們認為不應該保護會傷害兒童的宗教習俗。

父母可能以為，允許早婚是為孩子的最佳利益著想，尤其如果情況是女兒懷孕。但在絕大多數情況下，這其實是害了她，有時甚至是不可挽回的傷害。70%到80%的童婚以離婚告終。已婚的孩子陷入貧困是已婚成年人的兩倍，遭配偶毆打則是已婚成年人的三倍。其中大約50%的人從高中退學，讀完大學的可能性比成年人低四倍。他們罹患糖尿病、癌症、中風和其他身體疾病的風險要高得多，此外也很容易罹患心理方面疾病。

這就是為什麼社會運動人士在推動完全禁止童婚上毫不

妥協，而且他們正在取得進展。維吉尼亞州、德州和紐約州制定了限制未成年者與法定成人結婚的法律。（在一些州，十八歲以下的人可以成為具有相關權利的法定成人，以便結婚。）康乃狄克州已經禁止十六歲以下的人結婚，其他十一個州正在制定限制童婚的法律；亞利桑那州、佛羅里達州、馬里蘭州、麻州、新澤西州和賓州正考慮對十八歲以下的人下達全面禁婚令。但是美國沒有一州通過一項明確禁止童婚做法的法律。

PART FOUR

菜單上的秘密：
有所不知的食物與飲料的常識

Q 酒杯為什麼逐年變大？

（1）人們的飲酒量越來越多

（2）釀酒業的行銷手法

（3）誘導酒客以為沒喝很多酒

（4）潛意識暗示酒客不要續杯

——答案詳見P.127

Q 為什麼貧窮國家有肥胖問題？

（1）各國善心捐贈太多

（2）經濟起飛讓民眾飲食過度

（3）醫藥發展讓營養不良問題消失

（4）便宜食物有高熱量與低營養素

——答案詳見P.117

37 酪梨與犯罪之間有什麼令人驚訝的關聯？

在英語中，「酪梨」（acocado）一詞是指原產於墨西哥的肉質水果，跟西班牙語的「律師」（abogado）很類似——而且這種類比也很貼切。近年來，酪梨在很多場合都跟法律牽扯上關係。酪梨和犯罪之間有什麼關聯？

自1990年代末以來，世界對酪梨的需求穩定成長。2013年，全球酪梨產量達到四百七十萬公噸，是1998年的兩倍。一些因素可以解釋這種榮景。聰明的行銷吸引消費者注意到它的高營養成分（充滿了營養學家稱讚的「好」脂肪）和健康益處，例如降低罹患心臟病的風險。它也是酪梨醬的主要成分，因為墨西哥速食（如玉米餅）愈來愈受歡迎，連帶使得沾醬受惠。結果是在傳統市場擴大的同時，新的市場也出現了：從2008年起，中國的酪梨進口量在五年內變為四倍。

但有時候沒有足夠的酪梨可以滿足需求。2016年，紐西蘭和澳洲的惡劣氣候導致收穫停滯；叢林大火摧毀了果園，大雨則延遲果實採收。該年6月紐西蘭每顆酪梨的價格為四．六一紐幣（三．二五美元），創下1966年以來的最高紀錄。這促使竊賊無視法律，從酪梨園中偷取大量酪梨到黑市出售。2017年的高價引發一連串的果園夜間劫掠。2018年5

月，酪梨平均價格達到五．〇六紐幣的新高，一些餐館不得不從菜單中刪除酪梨。與此同時，約佔全球酪梨產量三分之一的墨西哥，他們的酪梨犯罪情況完全不同。墨西哥是迄今為止最大的酪梨出口國，而且打算保持這種優勢。那裡的種植者（或至少是控制種植者的聯合壟斷組織）已經採取非法砍伐森林的方式，為更廣泛的耕作鋪路。在哥斯大黎加，因為禁止進口哈斯（Hass，一種酪梨的品種）導致有些人從巴拿馬跨越邊境走私酪梨。

快速提高酪梨產量很困難，因為它是一種很難種植的植物。由於在不同國家會有不同的收成時間，酪梨的上市情況和價格因此劇烈波動。（墨西哥、加州和秘魯的收成不佳，導致2017年酪梨價格飆升。）只要供不應求且酪梨仍是利潤豐厚的產品，具風險的交易仍會繼續存在。有些推文宣布酪梨（avocado）為「#終結酪梨」（#overcado），但這似乎沒有人減少人們對酪梨的熱情。那些剛領教其魅力的人，不太可能很快放棄這種綠油油的食物。

38 為什麼中國的狗肉市場更形擴大？

每年夏至，中國南方廣西省玉林市都會舉辦一場狗肉節。這項活動總是引發爭議，因為狗被油炸或被殘忍對待的照片會被瘋狂轉發擴散。2017年，動保人士和美國國會議員要求中國禁止吃貓狗，就像台灣該年稍早立法禁止那樣。玉林當地政府採取了適度措施來限制或隱藏一些更具爭議的活動，例如在菜市場上賣狗，但這個節日仍然擠滿人潮。為什麼這項極具爭議的烹飪習慣，在中國變得如此受歡迎？

與陳腐的說法相反，狗肉並非是中國菜裡常見的菜餚。與西方文化不同，吃狗在中國從來不是禁忌，但過去似乎也不是常態。政府資料內有「賣狗肉的屠夫」的分項紀錄，表示吃狗肉不尋常，值得記錄下來。山東大學的郭鵬是研究狗肉市場的少數人之一，根據她的說法，只有中國的少數民族朝鮮族經常吃狗。她認為，大多數漢族人視狗肉為藥材，咸信狗肉可以調養身體，使身體冬暖夏涼——因此，玉林節舉行的時間就是在夏至，亦即盛夏。郭女士說，傳統上大多數人如果有吃狗肉，每年只吃一次。

根據一家民意調查公司Dataway Horizon和中國非政府組織「首都動物福利協會」（Capital Animal Welfare

Association）在2016年進行的一項調查顯示，近70%的中國人表示從未吃過狗肉。在吃過狗的人當中，大多數人聲稱自己不是主動去吃，而是意外吃到，例如獲邀參加社交或商務晚宴時。

那為什麼玉林節會人滿為患？為什麼許多城市的餐館都自豪地把狗列入菜單？一言以蔽之：犯罪。狗肉有點像毒品，已經成為一項有利可圖的犯罪收入來源。過去十年裡，郭女士在東部沿海的山東省從一個村莊走到另一個村莊，向居民詢問他們飼養的動物發生什麼事。在某個村莊中，村民們告訴她，在2007年至2011年間，村裡養的狗有三分之一被偷。她也發現獵人開著廂型貨車在農村裡遊走，用毒鏢殺狗，並將牠們賣給中盤商。獵人每公斤狗肉可獲利大約十元人民幣（一・三美元），所以中型犬可能價值七十到八十元人民幣。她採訪的一位年輕人正在抓狗以便籌錢結婚。獵狗增加了狗肉供應量並使狗肉價格降低，擴大整體市場規模。郭女士認為，山東和鄰近的河南所供應的狗肉，現在佔了中國狗肉業務的一大部分。

在某種程度上，狗肉交易是利用一項事實：這些省分的現代化程度並不完善。在村莊裡，狗仍做守衛犬用途；在大城市，狗逐漸成為寵物，例如在北京已登記註冊為寵物的狗數量，十年來每年成長25%，現在約為兩百萬隻，比紐約的寵物狗數量還多。對動物福利的關注也同時增加，動物醫院、動物救助和收養機構增加以及態度的轉變，顯示了這一點。動物福利問題與獵犬者和吃狗者的衝突加劇，最終可能會扼殺這項交易。

39 為什麼肥胖是貧窮國家日益嚴重的問題？

提起開發中國家的營養問題時，人們可能會想到飢荒，但是中低收入國家的肥胖年輕人快要趕上體重過輕者的人數。1975年，幾乎沒有人聽過富裕國家之外有肥胖兒童：開發中國家五至十九歲的人口當中，只有0.3%的人身體質量指數（BMI）比同年齡和同性別人口的平均值高兩個標準差（世界衛生組織對肥胖的定義）。如今這個數字飆升至7%。與此同時，中低收入國家體重過輕兒童（BMI比同年齡和同性別人口的平均值低兩個標準差）的比例從13%下降到10%。

據世界衛生組織稱，如果目前的趨勢繼續下去，到2022年，全世界肥胖兒童的人數將超過營養不良兒童的人數。

一個國家同時有高飢餓比例和高肥胖比例似乎很矛盾，但這兩者是相互連結的。貧窮的父母往往會尋找現有最負擔得起的食物來餵飽孩子。由於即席食品和高能量碳水化合物加工食品的普及，最便宜的食品往往提供極少的寶貴營養素，所含的卡路里則相對較高，使得吃很多這類食物的兒童快速變胖。

因此體重不足兒童人數大幅下降的國家，往往有過多的肥胖兒童人數。例如，南非將其體重不足的青少年比例從1975年大約20%削減至今天的5%以下；但在同一時期，其兒童肥胖率從大致為零增至超過10%。在中國，體重不足的青少年比例從6%下降到3%，但其肥胖率也從幾近零增至超過10%；1975年只有不到五十萬中國年輕人肥胖，現在則有近兩千八百萬人。

兒童肥胖提高了人生後期罹患各種疾病的風險，特別是糖尿病，現在糖尿病導致的死亡人數高於愛滋病、結核病和瘧疾的總和。有些國家仍然有相當多體重不足的兒童，這些國家的政府應該幫助家庭取得正確的食物，以免看似解決了某個營養問題，卻只是被另一個營養問題取代。

年輕肥胖人口擴大

按地區劃分的肥胖率，五至十九歲，年齡層的百分比

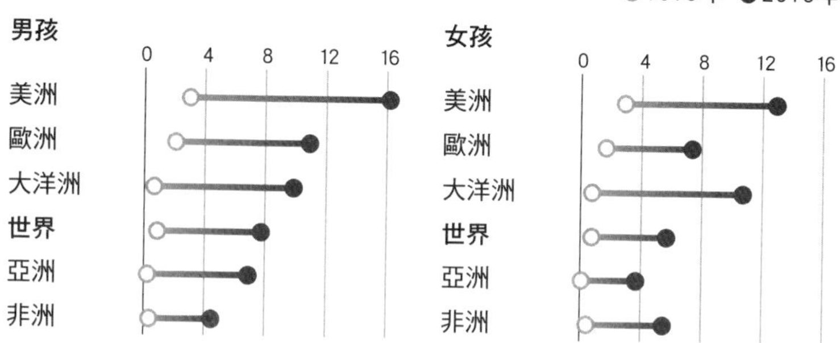

按國家劃分的肥胖分佈，五至十九歲，2016年，年齡層的百分比

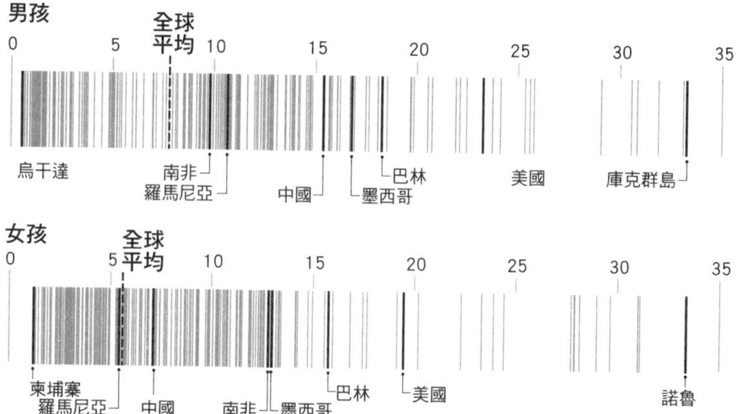

資料來源：風險因子協會（Risk Factor Collaboration）；聯合國人口局（UN Population Division）；WHO；《經濟學人》

40 為什麼2001年到2018年阿根廷和美國打起檸檬戰爭？

在美國農業部解除2001年實施的一項進口禁令後，2018年5月，美國收到十七年來第一批阿根廷檸檬。該禁令所造成的出口限制，見證了兩國關係惡化，正如2017年4月阿根廷總統毛里西奥・馬克里（Mauricio Macri）訪美時，川普所說的：「他來訪的原因之一是檸檬。我會跟他談北韓的事情，而他會跟我談檸檬的事情。」人們熱切期待這場柑橘類水果之戰能有解決之道。美國是全球最大的水果消費國，如今終於可以從第四大生產國採購檸檬。是什麼因素造成最初的爭端，和平又為什麼終於發生？

這項爭端根深蒂固。在二十世紀的大半時間裡，因為擔心檸檬會帶來可能傷害美國作物的害蟲，美國根據檢疫規定限制阿根廷檸檬進口。2000年時，當負責保護美國所有動植物的政府機關提議放鬆禁令，加州和亞利桑那州一個負責所有美國國內生產物的種植者聯盟便控告該機關。他們認為柑橘類水果已成為美國打算讓阿根廷接受其出口產品的談判籌碼，但在該聯盟看來，污染的風險仍然存在。美國法院支持農民的訴求，禁令於2001年恢復。

在隨後的日子，兩國之間的冷淡關係、以及試圖改善財務窘境的阿根廷政府對生產者徵收出口稅，都無助於解決問題。雙方你來我往、針鋒相對，這場爭論在2012年進入世界貿易組織（WTO）上訴程序，美阿兩國的雙邊爭端包含肉類和其他食品，檸檬只是其中一部分。

馬克里以親商政策博取選民認可，在2015年當選阿根廷總統。他上任後取消了大部分農產品出口稅，訪美之行也加速阿根廷與美國和解。2016年3月，在時任美國總統歐巴馬（Barack Obama）訪問阿根廷首都之後，美國官員前往該國檢查柑橘園，即將離任的歐巴馬政府在同年12月表示即將取消禁令。

幾週後，川普就職。他曾揚言退出北美自由貿易協定（NAFTA），加上川普新政府經過60天評估之後，在2017年3月決定展延禁令，讓阿根廷擔心取消禁令的措施將無限期延後。2017年3月馬克里先生的訪美之行，為2017年5月恢復進口排除了阻礙。但美國本土的種植者再次對該決定提出了法律質疑，認為那是出於政治考量而非科學原因。

例如，以陰謀論批評川普的人指出，由於加州在2016年總統選舉強烈支持希拉蕊（Hillary Clinton），允許檸檬進口是為了報復加州。這可能有點過度解讀了。2018年3月，法官駁回了柑橘類水果種植者的論點，允許下個月恢復進口。

總統支持終止禁令的最重要理由，是「檸檬業是很大很大的生意」。簡單地說，雖然他支持進口檸檬，這絕不代表他堅信貿易自由化。即使對自由貿易的擁護者來說，以這種方式來解決此項爭端難免留下不愉快的回憶。

41 哪個歐洲國家的精釀啤酒廠最多？

近年並非歐洲釀酒商的好時光。多年來啤酒總銷量持續低迷，每年約為三百七十五億公升；自2012年以來，多數最大的啤酒飲用國家的人均消費量略有下降。但在這個看似平靜的表面下，變動正在醞釀中：小型生產商和精釀啤酒廠奪走了既有品牌的一些市場占有率。2010年至2016年間，歐洲的小型釀酒企業數量幾乎增加兩倍，首次超過七千大關。

小型釀酒業將成功歸因於幾點。較富有的消費者逐漸揚棄大眾市場品牌，轉向更具特色的本地產品。小型釀酒廠便宜又容易建立，可以設在工業區、舊工廠、農場棚屋，甚至露營地。許多小型釀酒商熱衷於開放參觀工作場所，以便教育口味更挑剔的酒客。這種趨勢在英國尤其盛行，英國本身就有兩千兩百個小型釀酒廠。相關旅遊行程涵蓋位於時尚的康瓦爾（Cornish）度假勝地的帕茲托啤酒廠（Padstow Brewery）內的兩個小單位，以及現在由日本朝日（Asahi）擁有、位於格林威治的較大型酒廠「標準時間」（Meantime）。各種節慶和酒吧庫藏的當地釀造啤酒，也進一步助長了小型釀酒商的興起。

轉向小型釀酒商的趨勢並沒有減緩的跡象。針對精釀啤酒業的預測看起來很穩健，市場研究公司Technavio推斷，在2021年之前，營收每年將成長10%左右。為了跟上需求並從愈來愈多的同業當中脫穎而出，小型啤酒廠需要不斷為自家的精釀啤酒設計比以往更創新的品牌、更引人注目的包裝設計；停滯不前的話，Born Hoppy、Yeastie Boys和the 4 Hopmen of the Apocalypse等酒標，將不再是人們眼中的極品。

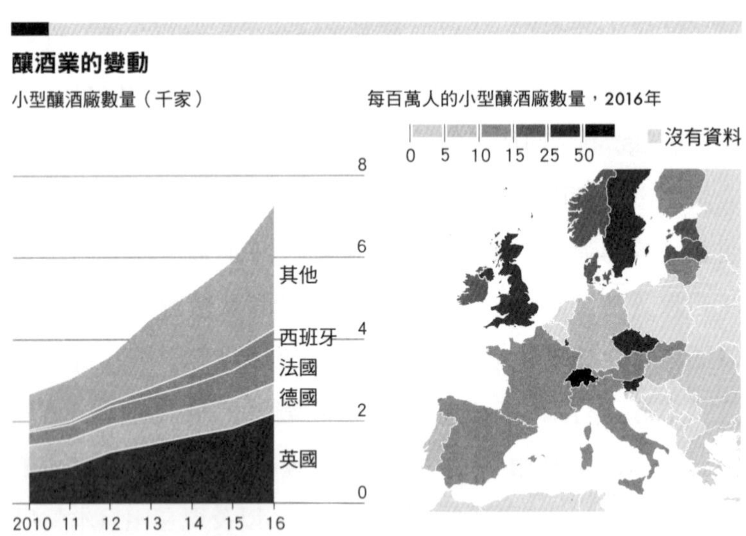

資料來源：歐洲釀酒商；聯合國

42 為什麼一些美國城市不喜歡餐車？

當美食餐車於2008年首次在美國街頭亮相時，許多人認為那只是一時的流行。十年之後，這些以獨特菜式、低廉價格加上巧妙運用社群媒體造成流行的餐車，顯然能繼續存活下去。但這並不表示餐車普遍受到歡迎，近年來許多城市都通過了限制餐車營業地點和時間的法律，不過事實證明要規範流動餐車業很困難。城市如何讓餐車離開街道？

餐車革命一般是歸功於羅伊．崔（Roy Choi）。2008年，崔開始在洛杉磯街頭銷售兩美元的韓式燒烤玉米餅。到2015年，美國至少擁有四千多輛餐車，這些餐車每年共獲利約十二億美元。然而，並非所有人都認為它們具有吸引人的前景。批評者說，餐車擋住街道、佔用了寶貴的停車位，人們和廢棄物與噪音將人行道變得髒亂；餐館老闆抱怨流動攤販不用繳租金和營業稅，享有不公平的優勢。國會議員透過更嚴格的監管來回應這些投訴。2011年，波士頓劃出餐車可以做生意的公共地點，並禁止餐車在該市的其他地方營業。

2013年，華盛頓特區通過一項類似的法律，劃定餐車可以合法營業的「區域」。在允許餐車於街道上行駛的城市中，餐車業者停放在單一地點的時間會被限制；在丹佛，業者在每個地點頂多只能停留四小時，在其他城市可能短至三十分鐘。有些城市則規定餐車和當地實體餐館之間至少要相隔多遠。在巴爾的摩，餐車不能在距離餐館三百英尺（逾九十一公尺）內開設；在某些城市，這些「緩衝區」的半徑可延展至五百英尺（逾一百五十二公尺）。

這種管制扼殺了美國一些大城市的餐車行業。在紐約，業者必須花上高達兩萬五千美元去黑市租用許可證（這個城市已有三十年沒核發新的許可證），而且不能將車停在該市八萬五千個設有收費錶的路邊停車位，因此幾乎不可能推出新餐車。在芝加哥，餐車業者無法在距離實體餐館兩百英尺（逾六十公尺）的範圍內營業，還必須加裝GPS來報備行蹤，導致餐車市場陷入停滯；儘管該市擁有超過七千三百家餐廳和一百四十四家精釀啤酒廠，只有七十輛特許餐車。

但有些人正在對抗這些規定：2011年，一家自由派律師事務所正義研究所（the Institute for Justice）成功挑戰了一項禁止餐車在任何現有餐館一千英尺（三百多公尺）範圍內營業的埃爾帕索市法律。2015年，該組織在一項類似的官司中打贏聖安東尼奧市，聖安東尼奧設有長期存在的三百英尺規定。這證明了有志者事竟成，只要有決心，兩腳人類或四輪餐車都找得到出路。

43 酒杯為什麼逐年變大？

1674年，英國玻璃商人喬治．拉文斯克羅夫特（George Ravenscroft）在他倫敦的工廠裡發現，往熔融的玻璃中加入氧化鉛，可做出更清澈、耐用的產品，並申請專利獲准。鉛晶質玻璃自此誕生，英國人用玻璃而非白鑞等器皿來飲酒的風氣也隨之而起，從那時起酒杯的發展自然興起，而劍橋大學行為與健康研究部的特麗莎．瑪爾托（Theresa Marteau）和同事對這項發展的某方面特別感興趣。瑪爾托博士懷疑，這些年來酒杯變得越來越大，可能導致英國葡萄酒銷量增加——這種成長在近幾十年中尤為明顯。

她和她的團隊收集的玻璃杯容量資料，可以追溯到1700年左右，資料來源包括王室內廷團隊（Royal Household，他們為每位君主購買一組新酒具）和阿什莫林博物館（Ashmolean，即劍橋主要競爭對手牛津大學的博物館）。他們總共紀錄了四百一十一個酒杯的容量，正如圖表所示，自從「拉文斯克羅夫特日」（他於1683年去世）以來，容量確實有持續增加的傾向；大約從1990年開始，過程明顯在加速。總之，酒杯的平均容量從1700年的六十六毫升，增加到2017年的近四百五十毫升。

瑪爾托博士的第二個假設是酒杯容量增大刺激了葡萄酒的消費。這一點很難證明，但可能已經做到了。自1960年以來，英國的葡萄酒消費量增加了七倍多，而人口成長率僅25%。根據英國國家統計局在1978年至2005年間收集的資料顯示，在該期間成人飲用葡萄酒的比例從60%下降到50%；不過若以酒精單位計量，葡萄酒飲用者的每週平均消費量增加了兩倍。由戒酒慈善機構酒精研究所（Institute of Alcohol Studies）收集的另一組資料顯示，英國每個人消費的所有來源酒精量（以純酒精計量）與1980年的情況大致相同，儘管這個數字波動相當大，並在2004年達到頂峰。

與此同時，瑪爾托博士為了直接測試玻璃杯大小的重要性而進行一項研究，並得到不同的結果。在這項於2016年發表的研究中，她檢視劍橋一家酒吧的酒類銷售結果，該酒吧以比平常更大和更小的酒杯供應酒類，同時保持相同的供應份量（一百二十五毫升或一百七十五毫升，根據客戶的選擇）。在使用較大酒杯的幾週內，葡萄酒銷售平均增加9%；看來，較大的酒杯確實鼓勵顧客更頻繁地要求續杯。另一方面，在酒杯比平常小的幾週內，銷售量也沒有下降。因此用較小的酒杯並不能防止人們飲酒過量。

乾杯

英國的酒杯容量（毫升）；1700年至2016年

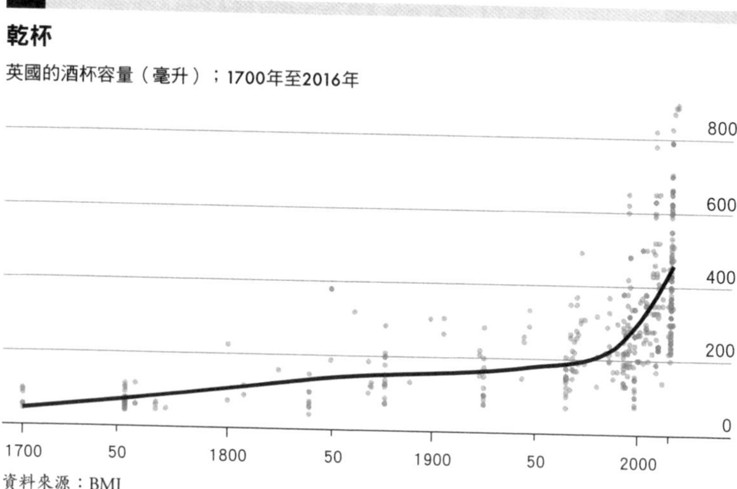

資料來源：BMJ

44 為什麼食品包裝對環境有益？

超市使用巧妙的設計和狡猾的促銷活動，鼓勵購物者消費商品。誘人的包裝除了有助於銷售，也可保持食物清潔和食用安全。支持環保的群眾拒絕消費以塑料包裝的香蕉，但某些形式的包裝（例如肉類），卻是環保的福音。根據聯合國的資料，三分之一的食物在生產出來到端上餐桌的過程之間就浪費掉了，每年耗費數十億美元。與食物浪費相關的全球溫室氣體排放量，高於印度的溫室氣體排放量，因為丟棄食物意味著用於它們的水、燃料、肥料和其他投入也跟著浪費掉。如果可以延長食物放置在貨架上或冰箱中的時間，就能減少對地球的傷害。肉類尤其如此。

肉類占人類全球熱量攝取的17%，但就現金和資源來說，肉類實在成本高昂，需要大量的水和飼料。提供給放牧動物的土地，比用於任何其他單一用途的土地都要來得多。整體而言，畜牧業的污染程度與全世界所有車輛噴出的廢氣相同。牛和羊等反芻牲畜的胃中含有能夠消化堅韌、富含纖維素的植物的細菌，但在此過程中，大量甲烷也會透過打嗝而被噴出——在一個世紀的期間，這種溫室氣體對全球暖化的威力是二氧化碳的二十倍。

真空包裝肉類可防止氧化，延長有效期限，讓肉類在貨架上能夠擺放五到八天；如果只放在塑膠盤上包起來或垂掛在櫃檯後面，就只能保存兩到四天。真空包裝法讓大型雜貨連鎖店滿意，因為如果必須降價或丟棄的肉類減少，每週就能節省數千美元。真空包裝法也讓消費者感到滿意，因為這種包裝的肉類更加柔嫩。

但包裝本身是否需要資源以便生產？是的，但製造包裝的溫室氣體排放量，低於與食物浪廢相關的排放量。據估計，每噸包裝會造成相當於一到兩噸的二氧化碳排放；每浪費一噸食物，則是相當於三噸多的二氧化碳排放。因此，雖然超市一直聚焦於限制本身使用的包裝量，但許多人現在認為延長保存期限是最重要的環保考慮因素。鑑於到本世紀中葉之前肉類消費預計將增加75%，真空包裝提供了提高資源效率和獲取重要蛋白質來源的重要方式。

45 為什麼全球酒類消費量下降，飲酒高峰期不再？

世界似乎正遠離飲酒高峰期。根據國際葡萄酒及烈酒研究中心（International Wine & Spirit Research；IWSR）的資料，2016年全球酒類消費量達到兩百五十億公升，下降了1.4%。這是連續第二年下降，而自1994年收集資料以來，這僅是第三次下降。酒類消費量下降的主因是喝啤酒的人減少了，而啤酒占所有酒類消費量的四分之三。2016年全球啤酒消費量為一千八百五十億公升，減少1.8%，但由於當時全球飲酒年齡人口成長1%，平均下來，每名飲酒年齡人口的啤酒消費量下降了3.2%。整體下降全因前五大啤酒市場中的三個都下滑，2016年全球啤酒縮減的消費量中，中國、巴西和俄羅斯就占了99.6%。

經濟和不斷變化的品味都造成影響。2001年，中國超越美國，成為全球最大的啤酒市場（按消費量而非價值計算）。如今中國已經喝掉所有啤酒的四分之一，但是人均消費量在2013年達到高峰，並在2016年首次下降。啤酒對較年長的飲酒者吸引力減弱，年過三十的人們開始改喝葡萄酒，年逾不惑的人們則偏好國酒，亦即白酒。而在其他國家，經濟衰退重創了啤酒愛好者的荷包，巴西和俄羅斯一般成人的啤酒消費量下降了7%。

隨著國家愈來愈富裕，啤酒飲用模式也有所改變。2016年發佈的一項研究中，魯汶大學的莉斯貝思·柯倫（Liesbeth Colen）和約翰·思文（Johan Swinnen）研究了1961年至2009年間收入成長和全球化對八十個國家啤酒消費的影響。他們發現，當較貧窮國家的人均GDP成長，啤酒就變得更流行。但是當人均GDP達到兩萬七千美元左右時，啤酒消費量就開始下降：消費者一旦買得起啤酒，就可能改選葡萄酒之類更貴的飲料。這兩位作者發現，當國家變得更全球化，啤酒消費量會跟著上升，但隨著國際飲料公司的進駐，飲酒者可能會找到新的最愛。基於以上原因，新興市場的消費者幾十年來不斷推動啤酒銷售進一步攀升，但目前IWSR的數字顯示，啤酒泡沫正逐漸從酒類市場消失。

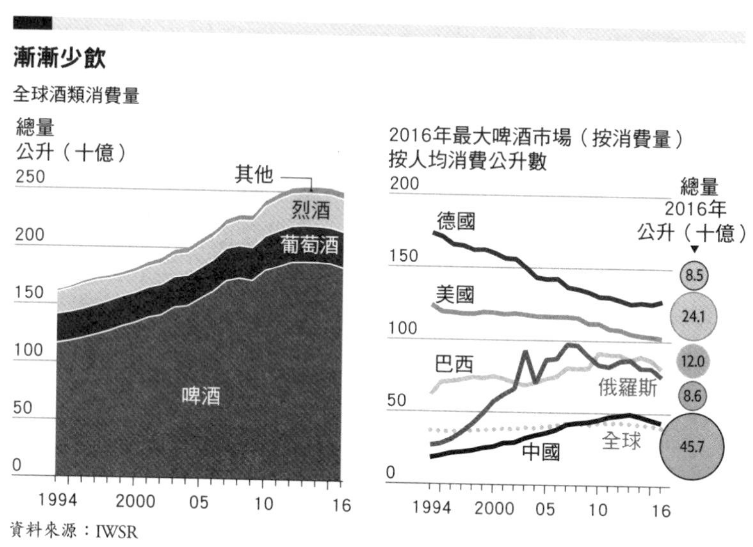

資料來源：IWSR

46 為什麼小麥的基因組比人類更複雜？

大約一萬年前，小麥和其他主要農作物在中東被馴化，人們不再是僅能解決溫飽，而能夠持續定居，並因此啟動文明的崛起。早期農民種植的是天然雜交的小麥，經過一段時間後，農民將小麥改良成更強壯、易於收穫和高產量的物種，從現代麵包小麥的基因組中可以窺見其歷史。它是一個非常密集、複雜的基因組，與稻米、大豆和玉米等主食的遺傳密碼不同，科學家們在2017年之前一直努力破解它。為什麼破解小麥的遺傳密碼這麼難——值得這樣費心嗎？

古代小麥的基因組（例如野生二粒小麥）含有比人類基因組更多的DNA鹼基對，像麵包小麥之類的馴養雜交種，基因組甚至更多。麵包小麥的基因組具有的DNA鹼基對是人類基因組的近六倍（約有一百七十億個，人類只有三十億個）。這一部分是因為人類是二倍體，有兩組染色體，而麵包小麥有六組染色體（對應於三種古代小麥，這種麵包小麥是雜交的品種）。此外，古代小麥的DNA含有大量的重複，這意味著麵包小麥不僅含有大筆遺傳資訊，其中大半都是重複的，使得破解它的基因組變得複雜。由於擁有的獨特基因片斷較少，要將整個拼圖拼湊起來更困難。

早在麵包小麥之前就有人對其他主食作物進行基因組測序，但這些作物簡單得多：玉米、大豆和水稻的流行菌株分別具有二十三億、十一億和四億二千萬DNA鹼基對。麵包小麥的突破是在2016年，當時幾個不同的學術和產業計畫已臻成熟。包括小麥種植者、育種者和科學家在內的國際小麥基因組測序聯盟（IWGSC），以及由約翰霍普金斯大學領導的獨立小組，都設法對其進行排序。其他人破解了野生二粒小麥（麵包小麥和硬粒小麥的祖先），以及山羊草（Aegilops tauschii，麵包小麥的另一個祖先）的基因組。

破解小麥的基因組很有用，原因有兩個。首先，它使研究人員不用再仰賴多次的反覆試驗，更容易操縱小麥。其次，它讓研究人員能夠將古代小麥吸引人的特性插入現代小麥，而不必引入其他生物的基因（一種名為基因改造的過程）。德國製藥公司拜耳（Bayer）的性狀（trait）研究主管，同時也是IWGSC基因專案重要參與者凱瑟琳．福伊萊（Catherine Feuillet）表示，這些古老的小麥可能具有更好的抗蟲性或更佳的耐旱性，但產量和質量較差。將古老的小麥與現代小麥雜交，通常需要十年，但藉著將基因組當作小麥正向性狀的一種指標，迭代與改良可以進行得更快。

有了基因組可用，並且處於公共領域（IWGSC正在迴避專利），更多的研究人員能夠參與，甚至能從意外的地方得到協助。福伊萊女士就談到，她發現「有位高中生或許最終能夠找到真菌病的關鍵抗病基因」。

47 為什麼亞洲國家消費小麥比較多？

在亞洲，米飯對生活極為重要，許多亞洲國家人們的日常問候，不是「你好嗎？」，而是問：「你吃飯了嗎？」全球大約90%的稻米是在亞洲食用，光是中國、印度和印尼就占了其中60%。在巴基斯坦以外的每個亞洲大國，人們吃的米超過全球平均水準。在1960年代初到1990年代初，人均稻米消費量穩步上升，從平均每年八十五公斤增加到一百零三公斤。隨著亞洲越來越富裕，人們開始吃更多種食物，稻米很容易取得，也讓人買得起。

但是整個亞洲的稻米食用量現在幾乎停滯不前。在亞洲較富裕的國家，稻米已經過時。美國農業部（USDA）的數字顯示，自2000年以來，人均稻米食用量在中國、印尼和南韓已經下降，在新加坡則已經降到谷底。

亞洲人遵循一項名為貝內特定律（Bennett's law）的規則，亦即當人們變得更富裕時，會改為從蔬菜、水果、肉類、魚類和乳製品中獲取更多的熱量。同時，許多亞洲人開始用小麥替代主食中的稻米。

泰國和越南等國的小麥食用量迅速成長。美國農業部估計，2016到2017年東南亞國家食用了兩千三百四十萬噸小麥，高於2012年到2013年的一千六百五十萬噸，幾乎所有的小麥都是進口的。在南亞，據估計同期食用量從一億兩千一百噸增加到一億三千九百噸。

荷蘭合作銀行（Rabobank）預測，亞洲小麥食用量成長的趨勢會持續很久。目前東南亞人每年只吃掉二十六公斤小麥，遠低於世界平均水準七十八公斤。亞洲人似乎沒有受到價格上漲的影響：即使小麥在2009年至2013年間變得更貴，他們的食用量仍持續增加。儘管如此，稻米仍然是許多亞洲文化的核心；人們不可能一下把互相問候的「你吃飯了嗎」，改成「你吃貝果（bagel）了嗎」。

小麥食用量

每人每公斤，2016-2017預測

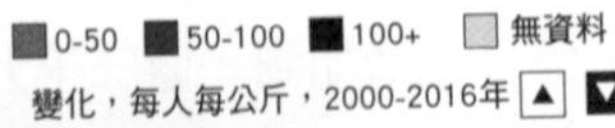

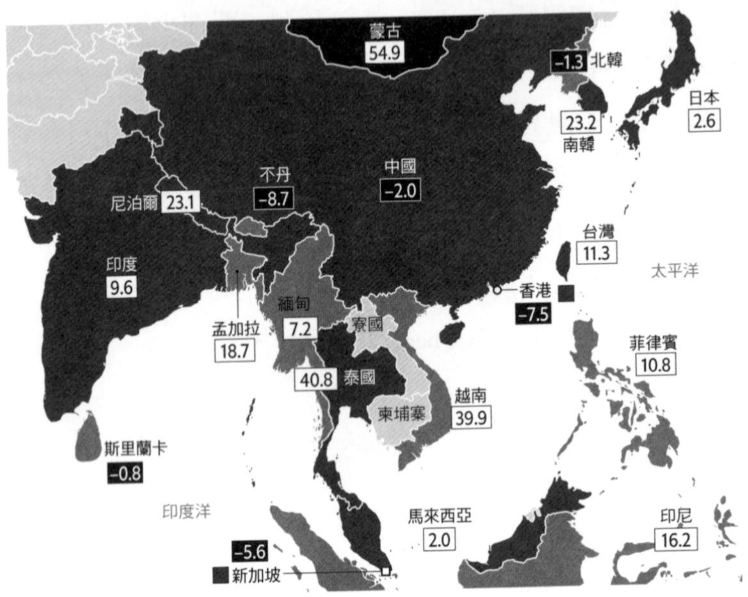

資料來源：美國農業部；聯合國；國家統計

PART FIVE

數據為證：

與經濟和真相有關的常識

Q 國家越富裕，長壽年份會增加多少年？

（1）多活5年

（2）多活10年

（3）多活15年

（4）多活20年

——答案詳見P.154

Q 在美國致富最簡單的方法是什麼？

（1）投胎到富豪之家等繼承

（2）找個有錢伴侶結婚

（3）進入常春藤名校，投身金融圈

（4）在工程學院習得一技之長

——答案詳見P.140

48 在美國致富最簡單的方法是什麼？

美國人對塑造自己未來的能力特別樂觀。一項調查發現，近四分之三的美國人認為努力工作是成功「非常重要」的因素，只有62%的人將成功歸功於良好的教育，不到五分之一的人認為成功是繼承財富而來。但在收入不平等和社會流動性方面，美國與其他先進經濟體相比排名較差。那麼雄心勃勃的美國年輕人，必須做些什麼才能致富？

史丹福大學的哈吉．切提（Raj Chetty）和其他經濟學家的一項新研究，有助於回答這個問題。利用教育部的資料與三千萬納稅申報表相匹配，切提先生及其同事建構了一個資料集，從而讓研究人員了解特定大學畢業生的收入分配情況，以及收入的變化取決於畢業生父母的富裕程度。資料顯示，畢業於名校是獲得中上階層生活方式的好方法：常春藤大學畢業生無論家庭背景如何，都有相同的機會進入收入分佈的前20%。至於從非知名大學畢業的人，也存在著躋身中上階層的道路，因為收入主要取決於學什麼，而非在哪裡學。平均而言，凱特林大學（Kettering University）和史蒂文斯技術學院（Stevens Institute of Technology）等非知名工程學院的畢業生，收入與常春藤名校的畢業生一樣好。

但僅靠良好的教育，仍不足以使中上階層人士打進富人階層。很少有工程師、護理師或藥劑師成功進入前1%，這1%大多是銀行家和其他金融家。金融業的招聘人員特別重視血統。在這裡，常春藤名校扮演著極重要角色；哈佛大學和耶魯大學等私立名校的畢業生，更有可能最終進入華爾街。此外，切提先生及其同事的資料顯示，出身富裕家庭有助於致富。

這種趨勢在位於收入分佈頂端的富人中更加明顯。在1999年至2004年期間，普林斯頓大學學生只有2%的人來自收入最低20%的家庭，而有3.2%的人來自收入最高0.1%的家庭。頂尖大學的錄取過程有時會因提供優待給校友家庭成員而遭到扭曲。當研究人員檢視哈佛大學最近一班新生時，發現有27%的學生家裡曾有人畢業於那所「靠近波士頓的大學」。這顯示成為富人最簡單的方法，就是出生在富裕家庭；第二則是找個有錢的配偶。如果兩種方法都行不通，你可以努力進入頂尖大學——但要記住，並非所有普林斯頓大學畢業生都成為富豪。

49 為什麼女性的收入仍遠低於男性？

英國各地的薪資結算員比平時更加忙碌，因為英國的新法令規定在2018年4月之前，所有大型企業都必須公佈關於男女性員工薪酬差距的年度資料。在美國則相反，川普總統中止了一項本於同年生效的類似法令。這些規定原是為激勵企業替男女同工同酬而努力，不過資料顯示企業需要一種新方法來縮小男女薪酬差距。在經濟合作暨發展組織（OECD）這個主要由富裕國家組成的俱樂部，全職女性的薪酬中位數是男性的85%。為何女性的收入仍然低得多？

與一般看法相反的是，雇主其實有做到男女同工同酬。根據光輝國際顧問公司（Korn Ferry）收集的二十五國資料，在相同公司擔任相同職位，女性薪酬是男性薪酬的98%，兩性大致相當。薪酬差距的產生是由於女性從事低薪工作（如秘書和行政職位）的人數超過男性，男性在高階職位占了主導地位；這代表在一家普通公司中，男性平均薪酬會高於女性平均薪酬。婦女也集中在整體薪酬較低的職業與產業任職，例如OECD國家的小學教師比大學畢業生的平均收入低將近20%。在歐盟，近70%的職業婦女從事的工作，至少有60%的同事是女性。在美國，女性人數最多的四項工作：教師、護士、秘書和醫療助理中，女性員工至少佔80%。

女性比男性無法達到更高職位，主因是她們擔起照顧孩子的大半責任。在2017年《經濟學人》和YouGov調查的八個國家中，有44%至75%住在家裡的育兒婦女表示，在成為母親後，她們必須縮減工作時間——不論是減少工時，還是改做要求較低的工作，例如較不需出差或加班之類。只有13%至37%的父親說他們有這樣做，其中還有超過半數表示說他們的伴侶也縮減工時。這種模式意味著，男性在加薪或晉升方面的機會比女性同事更好，而且不致被賦予大材小用的職務。一項研究估計，在美國每生預一個孩子，會讓女性的未來薪酬平均下降4%；如果是擁有高收入和技能的白人女性，未來薪酬下降幅度可達10%。而在英國，女性育兒之後，每離開職場一年，回歸時的薪酬就會降低2%；如果是高學歷的女性，這個比率則為兩倍。

女性的薪酬較低，意味著她們離婚或喪偶時常常陷入貧困。缺乏經濟獨立性會讓某些人無法離開家暴伴侶。政策和工作場所規範若能使男性更容易與伴侶平等分擔親職責任，便能有所注意。父母也需要向孩子灌輸一個想法：他們可以從事任何工作，而非僅是女孩就被侷限於某些工作。直到男孩跟女孩一樣，會對成為教師、護理師和全職父母感覺興奮時，性別平等才可說是真正實現。

50 為什麼中國打算重建舊絲路？

2017年5月，中國國家主席習近平歡迎二十八位國家和政府領導人到北京參加慶祝「一帶一路」倡議高峰會的開幕儀式，這是習近平最雄心勃勃的外交政策計畫。該計畫於2013年以「一帶一路」（one belt, one road）的名稱推出，內容是中國提供數十億美元，對將中國與歐洲連接的舊絲綢之路沿線國家的基礎建設進行投資。

這個計畫的野心相當大，中國每年會對簽署該計畫的六十八個國家花費大約一千五百億美元。自2008年奧運以來，這次高峰會議（稱為論壇）吸引了最多的外國政要到北京，但很少有歐洲領導人出席；在大多數情況下，他們無視中國倡議的潛在影響。這些影響是什麼，而西方持樂觀態度又是正確的嗎？

到目前為止，這項計畫是習近平決心背離鄧小平「韜光養晦、決不當頭」方針的最明確表達。「一帶一路」論壇（The Belt and Road Forum，它的縮寫BARF讓人很尷尬，意思是嘔吐）是2017年第二次定期活動，習近平在此會上闡述了中國對全球領導地位的主張；第一次是一月份在達沃斯世界經濟論壇（World Economic Forum），他發表了反對保護主義的演講。在2014年時，中國外交部長王毅表示這項倡議是習近平外交政策中最重要的構成要素，它的最終目標是使歐亞大陸（由中國主導）成為與泛大西洋聯盟（由美國主導）競爭的經濟和貿易區域。

這項涵蓋廣泛的策略要務背後，隱藏著過多的次要動機——其數量和種類之多，引起西方懷疑這項倡議的連貫性和實用性。習近平希望透過投資基礎建設，為中國龐大的外匯存底（大多是低利率的美國公債）找到一個更有利潤的存放處。他也希望為中國企業（例如高鐵公司）創造新市場，並將中國在水泥、鋼鐵和其他金屬方面的大量過剩產能出口。他認為，對中亞的動盪國家進行投資，可以為中國本身不安定的西部省分新疆和西藏創造更多的穩定鄰國。另外，這項倡議鼓勵更多在南海周圍展開的計畫，可以藉此支持中國的南海主權論（「一帶一路」中的「路」指的是海路）。

然而，這些野心之中有一些相互矛盾之處：對中亞投資是一項充滿風險的計畫，這會比投資美國債券更好嗎？不同的動機造成利益相互衝突，包括商務部、外交部、計劃委員會和中國各省在內，最重要的中國機構之間存在著內訌。雪上加霜的是，中國發現在許多一帶一路的國家中，很難找到有利可圖的計畫，中國商人稱之為「一帶一陷」（One Road, One Trap）。最重要的是，中國的一些計畫面臨強烈反彈，例如斯里蘭卡和緬甸儘管前任的獨裁領導人曾批准該計畫，但繼任的民選政府拒不接受或尋求重新談判。

以上似乎證明了歐洲人決定保持距離的態度是正確的，但若就此認定「一帶一路」將會失敗，這也可能是被誤導了。習近平需要這項倡議，因為他已投入了太多資源；中國需要它，因為它替中國的部分經濟問題提供了某種程度上的解答；亞洲也需要它，因為亞洲對基礎建設的渴求無窮無盡。「一帶一路」倡議存在很多問題，但習近平決心繼續大力推進。

51 為什麼「死亡稅」不再時興？

與死亡相關的稅賦曾經讓人擔憂。僅僅幾十年前，當擁有巨額財富者過世時，繼承稅（inheritance tax）和遺產稅（estate tax）會讓那些財富少了一大塊。第二次世界大戰之前，英國人比較可能在死亡時支付遺產稅，而不是在生前支付所得稅；大約同一時期，美國最高的遺產稅稅率為77%。如今情況已經改變：美國可能會廢除遺產稅，而英國準備將需要課徵遺產稅的人數每年減少三分之一。從印度、挪威到澳洲，許多國家陸續廢除了繼承稅。為何全世界的政府都開始避免課徵死亡稅？

支持降低死亡相關稅賦的經濟論據，比你認為的還要薄弱。幾乎沒有證據證明，降低死亡稅可以促進儲蓄或投資；能夠傳給後代更多財產的可能性，也不會鼓勵人們更努力工作。相反地，研究顯示大部分從一代傳到下一代的遺產，都是「偶然發生」；人們存錢不是為了傳給後代，而是為了在活著時支付意外的費用。「富人會為了逃避高昂死亡遺產稅而躲到低稅賦國家」這種說法也沒有太多證據，儘管它是瑞典為了合理化在2004年取消遺產稅時所提出的主要論述。

為什麼各國政府逐漸反對死亡稅？也許更好的解釋純粹

是因為民眾討厭。繼承是非常私人的事，往往也是亡者對本身信仰的事業或珍愛之人所給予的最大禮物。許多人將遺產稅視為「雙重課稅」，因為它通常按已繳稅的所得來課徵，不過這並非最強有力的論據。如果好政策代表要避免雙重課稅，那麼政府也必須廢除營業稅了。

儘管如此，政治人物已經意識到他們握有一個致勝政策。喬治・布希和唐納・川普在競選總統時都發現，事實證明承諾廢除遺產稅的政見極受歡迎。

但一些經濟學家對這種低遺產稅或甚至零遺產稅的趨勢感到憂心。富裕國家的貧富差距很大，例如歐洲半數的億萬富翁是靠繼承獲得財富。有些富裕國家的年度繼承遺產流量約佔GDP的10％，遠高於幾十年前的數字。如果政府想要避免建立世襲菁英，可能會重新考慮要不要廢除遺產稅。

52 為什麼貧富差距從石器時代就日益擴大？

眾所周知，美國前1％的富人現在吞噬掉更多的經濟大餅。這項趨勢雖然令人不安，但並非現代獨有。華盛頓州立大學的蒂莫西．科勒（Timothy Kohler）和其他十七人所作的研究發現，貧富差距擴大的情況可能已經持續數千年，至少在世界的某些地方是如此。這些學者對六十三個考古遺址進行調查，並透過研究遺址內的房屋大小分佈，估計在挖掘出遺跡的社會中貧富差距的程度。

他們使用基尼係數做為衡量標準（一個完全平等的社會基尼係數為零；社會中若由某個人擁有一切的財富，則這個社會的基尼係數為1）。公元前8000年左右的杰弗艾哈邁爾（Jerf el-Ahmar，位於現今敘利亞的幼發拉底河流域），係數大約0.2；到了公元79年左右的龐貝城，係數上升到0.5。關於陪葬物品的資料雖然稀少，但也顯示了類似的趨勢。

研究人員認為農業是罪魁禍首。游牧民族的生活方式不利於財富積累，因為可以隨身攜帶的財物有限。唯有當人類改以農業為主的定居生活時，才真正開始獲得物質財富。轉向農業後，貧富差距不斷擴大，但在大約兩千五百年之後，美洲的不平等現象逐漸縮小。然而，在舊世界，貧富差距繼續加劇數千年。這可能是因為歐亞大陸擁有更多可以被馴化的大型哺乳動物，馬和牛大幅提高農業生產力——但牲畜主要是富人所擁有（他們也可以將牲畜出租）。在傳統的非洲社會中，牲畜仍然是重要的儲值工具。農業革命對人類有益，因為它供養更多的人口，為現代文明鋪路，但是對平等主義者來說，農業革命就是一件很糟糕的事了。

深入挖掘

考古遺址中房屋大小的基尼係數
1 = 完全不平等，O =完全平等

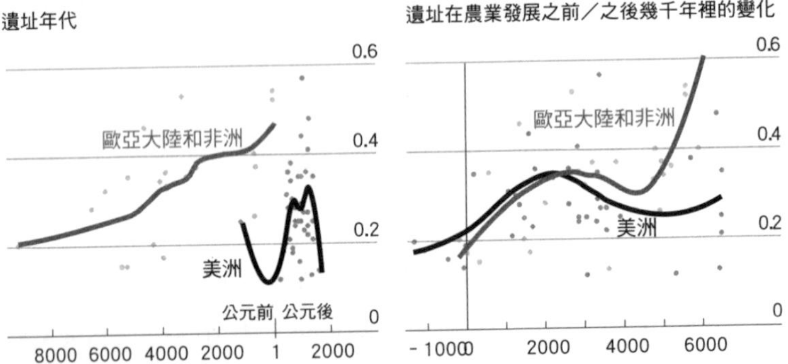

資料來源：「新石器時代後歐亞大陸的財富差距大於北美和中美洲」，蒂莫西．科勒等人

53 東西轉變成商品是經由什麼因素？

卡爾・馬克思（Karl Marx）曾說，一項商品「乍看之下似乎是非常明顯、瑣碎的東西。但從分析中可以看出它是很奇怪的東西，充滿了形而上的精細和神學的微妙」。商人可能會對這樣的定義嗤之以鼻：無論培根的味道有多棒（或邪惡），畢竟豬腩肉並沒有什麼形而上的事可說。然而幾千年來，從中國的稻米到聖經時代的黃金、乳香和沒藥，再到帝國時代的香料，商品一直是商業的基石。在2011年中國領導的商品超級循環（super-cycle）高峰，他們佔了世界商品貿易的三分之一，其中包括毫無關聯的大量物料——從食物和花卉，到化石燃料與金屬。是什麼因素讓某樣東西成為商品？

在整個社會中，「商品」一詞受到很多負面的報導。在商學院術語中，從矽晶片到聖誕卡等一切東西的「商品化」，都與生產低利潤的產品有關；這些產品無論多實用，都與乏味和重複性劃上關聯。與此同時，石油或鐵礦等實體商品的開採容易招惹非議，人們開始談論「資源詛咒」（價格週期性起伏對貧窮國家的影響）、「荷蘭病」（高價對匯率的影響），以及「血油」和「血鑽石」（利用採礦業的收益來資助衝突）。有些人甚至擔心連愛情都被約會App和網站給商品化了。

從經濟角度來看，商品是商業的重要組成部分。它們具標準化，因此很容易與同類型商品互換，在全世界擁有相當一致的價格（不包括運輸成本和賦稅），並可用於製造其他產品。它們被大量開採、種植和銷售，以便在高度流動的市場中交易，通常是以期貨和選擇權交易，以幫助生產者和消費者防範價格波動的影響。這些商品涵括可可和咖啡、鋅和銅、小麥和大豆、銀和金、油和煤炭，還有許多其他原料。我們的生活確實仰賴這些商品，世界上許多經濟體也是如此，並非僅限於腐敗的產油國獨裁政權。如果沒有煤炭，英國的工業革命就不可能啟動。

有些原料因為被當作商品而獲益，但其實它們並非商品。鑽石不符合商品的定義條件，因為每顆鑽石的品質不同。稀土元素雖然不像名稱所暗示的罕見，卻以不同的品質等級出售，而且通常是透過模糊的幕後交易來出售，此外以商品交易而言數量太少。與石油不同，天然氣並不行銷全世界，它的價格主要取決於因地區而異的長期合約。但隨著全球液化天然氣出貨量的增加導致價格更加統一，它或許會是下一個加入全球商品行列的項目。

與此同時，其他一度馳名的商品，失去了它們賴以成名的原因。1958年，由於兩名商人以大量囤貨操縱芝加哥市場，美國國會通過洋蔥期貨法（Onion Futures Act）禁止洋蔥期貨交易。冷凍濃縮柳橙汁市場正面臨緊縮，儘管影星艾迪．墨菲（Eddie Murphy）在電影《你整我，我整你》（Trading Places）中卯足全力推銷，但消費者還是優先選擇新鮮果汁。2011年，芝加哥商品交易所甚至停止提供冷凍豬腩肉的期貨交易。在人類出現之前，有些商品已經存在，但它們並非全都永遠都足以被冠上商品之名。

54 長壽會隨著國家財富一直增加嗎？

有一句名言說：「最終，重要的不是活多久，而是怎麼活。」許多人擔心無法避免在這兩者之間取捨：他們可能很長壽，但晚年也許健康極差。來自三十個歐洲國家的資料顯示，這種取捨視人們的居住地點和性別而定。一般歐洲人能夠預期的健康生活年數，可透過一項意見調查來確定，亦即詢問受訪者關於會限制他們日常活動的長期健康問題。平均而言，年滿六十五歲的歐洲男性平均壽命為再活十七・四年，同齡的歐洲女性又比同齡男性的壽命長三年。但女性多出來的壽命年，往往都處在極差的健康狀況下。男性和女性的健康生活年數相同，亦即比九年多一點。

生活在歐洲較富裕的國家對壽命有幫助嗎？資料顯示，六十五歲後的平均壽命會隨著國家的財富而增加，但只能達到一定程度。這個趨勢在大約三萬美元（根據各國價格水準的差異做調整）的人均國內生產毛額（GDP）呈平穩狀態，大致是東歐和西歐之間的分界線。相較之下，健康年數隨著國家的財富呈線性方式增加，例如儘管挪威比義大利富裕得多，義大利六十五歲的人可以預期與挪威同齡者有相同的壽命，但挪威老人在將近80％的餘命中大致會有健康的生活，義大利老人則可能只有40%。

這要看各國在公共服務和基礎建設上的支出多寡。老人有許多特有的健康問題，例如聽力或視力障礙，不致命但不能不處理。公共場所也需要針對老人的需求進行調整，問題沒有解決將會使他們的生活痛苦不堪，例如路面、路牌和行人號誌通常是為年輕人和健全的人設計的，較富裕的國家有更多的經費讓這些設置更適合高齡人士。這些措施雖然無法延長壽命，但可以幫助人們充分利用餘生。

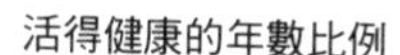

活得久又活得好

女性　男性

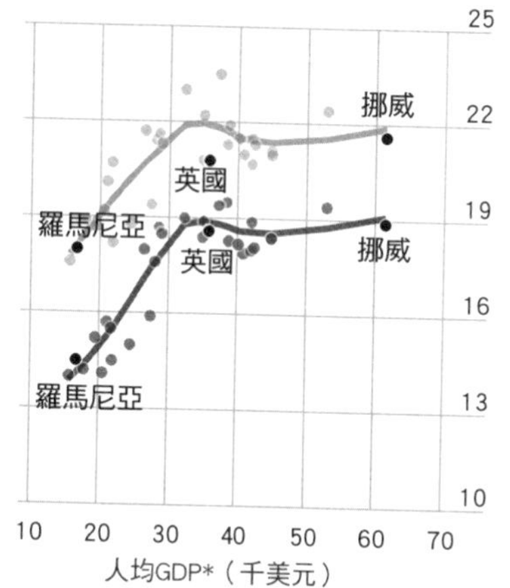

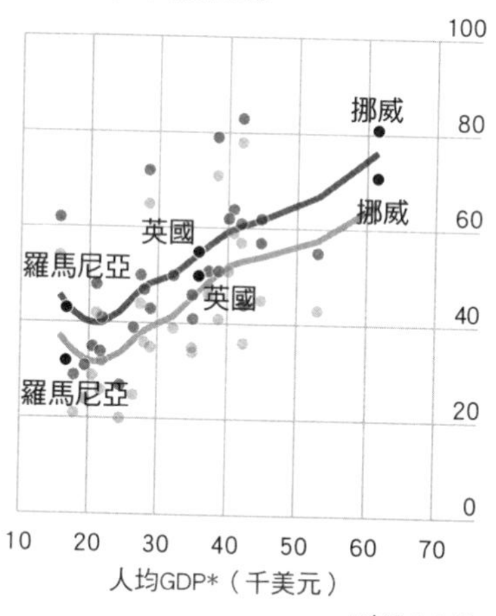

資料來源：歐盟統計局（Eurostat）；國際貨幣基金（IMF）；《經濟學人》

*購買力平價

55 為什麼公司會存在？

價格機制的概念是經濟學研究的核心，市場價格傳達了人們想買以及其他人想賣什麼的資訊。經濟學之父亞當．斯密（Adam Smith）用「看不見的手」來比喻，描述經濟如何受價格訊號支配。不過在1937年，英國經濟學家羅納德．寇斯（Ronald Coase）發表的一篇論文，指出這個觀點的一項缺陷：價格機制無法解釋公司內部運作的情況。例如，當員工從一個部門轉到另一個時，並不是為了更高的薪資，而是奉命行事。這個由寇斯提出的問題，是經濟學上很難回答卻極深刻的問題——公司為什麼存在？

寇斯的答案是，使用市場需要高成本，公司就是為了因應這樣的成本而存在。透過下命令來指揮任務，會比為了每一筆交易協商和執行個別契約更划算。這種「交易成本」（exchange costs）在標準化商品市場中很低廉，在其他情況下卻很高。可是他的答案只帶來了更棘手的問題，例如，如果公司存在是為了降低交易成本，那為何要進行市場交易？

為了解決這些問題，經濟學家發展出一套契約理論，這種理論將即期交易和需要長期合作的商業交易區分開來。大多數交易發生在現貨市場，它們很適合簡單、低價值的交易，例如買報紙或搭計程車，而且它們受到市場力量的支配，許多買家會對類似商品討價還價。

但對非標準化的商品或服務而言，事情就棘手多了，交易各方必須作出承諾，若要撤銷得付出高昂成本。以房屋租賃為例，一家被逐出經營場址的企業，無法迅速找到類似的場所；同樣地，如果房客突然退租，房東也不見得能找到新客戶。雙方可能會彼此威脅，以獲得更划算的租金協議。明確制定租金和租期等細節的長期契約，可以保護雙方不受另一方的投機自利所影響。

對許多商業安排來說，要確定雙方的全部要求是很困難的。這是「不完全契約」（incomplete contract）的優勢所在，婚約和僱傭契約就都屬於這類。它有一些正式術語：職稱、工作時間、起薪等，但許多最重要的職責都沒有列出。

這種契約的義務隱而不明，法院無法強制執行；該契約會有效果，主要是因為違約會讓雙方都受害。由於市場力量在這種契約中被軟化，勢必要有替代的治理形式，也就是公司了。

寇斯認為，公司取代市場的程度將隨環境的變化而改變。八十年來，兩者之間的界線似乎完全消失。自雇者在勞動力中的比例已上升。以優步（Uber）司機為例證的「零工經濟」迅速成長，但公司實際並未、也不可能會萎縮。在優步出現之前，城市大多的計程車司機早已是自雇者。類似現貨的短期工作契約愈來愈普遍，但它們的靈活度是有代價的。員工沒有誘因在特定的公司技能上投資，連帶影響到生產力。像iPhone或空中巴士A380超級巨無霸客機（Airbus A380 Superjumbo）這類複雜商品的供應鏈，仰賴企業之間「不完全」的長期契約。寇斯首先發現一項持久的真理：經濟既需要公司的良性獨裁，也少不了市場無形的手。

56 美國千禧世代是否像前幾代一樣忠於雇主？

人們常說千禧世代（1982年至1999年間出生的人）是善變的員工，經常換工作，不願意長期為單一雇主效勞。

千禧世代確實比年長的同事更有可能換工作，但那是由於他們的年齡使然，而非出生的年代：年輕人剛踏入社會，總是會比職涯老練的年長者更常跳槽。至少在美國，近幾十年來平均工作任期幾乎沒有變動。

美國勞工統計局的資料顯示，二十五歲（含）以上勞工替雇主效力的任期中位數為五．一年，略高於1983年的水準（見圖表）。該年齡組較低端者的工作任期下降，但只是微幅下降。年齡在二十五歲至三十四歲之間的男性替雇主效力的任期中位數為二．九年，低於1983年的三．二年。

中年男性與雇主的關係變化最為顯著，部分原因是半技術性工作的數量下降，以及工會力量的衰退。美國四十五歲至五十四歲男性的工作任期中位數，從1983年的十二．八年降至八．四年。但其中的落差被待得較久、退休年齡較高的女性抵消，這就是整體數字幾乎沒變動的原因。

千禧世代可能更頻繁換工作的地方是西歐。主要由富裕國家組成的經濟合作暨發展組織（OECD）資料顯示，自

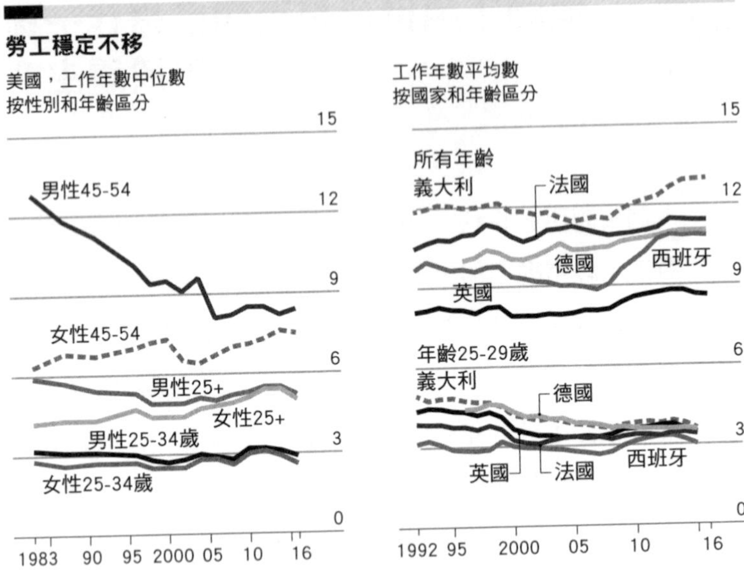

資料來源：勞工統計局；經濟合作暨發展組織（OECD）

1992年以來，法國、德國、義大利和西班牙各地的勞工平均工作任期總體上有增加，但年輕勞工的任期已經縮短，目前尚不清楚這是否為年輕勞工的選擇。

歐洲的勞動市場限制，迫使愈來愈多的勞工做臨時的「零工」。在這四個國家中，十五至二十四歲的勞工有超過一半的人簽下固定期限的約聘合約。

57 為什麼老式的製造業工作回不來了？

製造業對富裕國家的政治人物和政策制定者有強大的支配力，美國總統川普等人希望使外移到低成本國家的製造業工作回流美國。製造業值得政治關注，製造商比其他類型的企業更有可能成為出口商，而出口商又比非出口企業更具生產力。但是當政治人物談到製造業時，通常是生產線方面：將零件裝配到汽車、洗衣機或飛機中，這部分創造的增值得比以前來得少，如今是伴隨裝配的各項流程——設計、供應鏈管理、加值服務——能帶來最多的增值。製造業和製造業工作的各方面已經改變，這意味著舊工作永遠不會回流到富裕世界。

由於這些改變，要計算製造業僱用了多少人很棘手。在1840年代和1960年代之間，英國製造業就業人數比例約為三分之一；現今官方資料顯示，每十個工作有大約一人從事製造業。在1940年代末，美國非農業就業人數佔三分之一，如今只有十一分之一。但官方彙編資料的方式，代表著製造業的下滑情況被誇大。過去曾經緊密結合的流程，現在已經分散到全世界執行。製造公司逐漸將行銷或會計等任務外包出去，那可能意味著製造商僱用的人數更少，即使實際在裝配線上工作的人數沒變。結果，製造業工作數目減少的幅度看起來比實際情況更大。

這些趨勢似乎將持續下去。現代在研發、產品設計和技術測試等各種方面，會交由不同的公司來負責；許多會計、物流、清潔、人事管理和IT服務等領域也是同樣的道理。一項由美國智庫布魯金斯學會（Brookings Institution）於2015年發佈的研究估計，2010年製造業相關的工作總數達到三千二百九十萬個，與被視為製造業就業人數的一千一百五十萬個工作，幾乎是二比一。

未來，服務供應商將更深入滲透到製造商的勢力範圍，即使製造商也逐漸將自己視為服務銷售商。工業機器和其生產的商品都被裝上連線的感應器，製造商以此收集有關其機器在世界上表現的資料。熟悉產品及衍生的資料，有助於他們將商品轉化為服務。

這應該會讓費心尋找製造業工作的政治人物振奮。隨著與製造業相關的服務成長，高薪工作的數量理應會增加。在某些領域，創新和生產部門越加密不可分。資本密集的高科技製造業透過與產品設計師和工程師合作，通常會表現得更好。話雖如此，製造業創造新工作的可能性並非完全如不稱職的政治家所願。先進的製造業提供良好的工作機會，但也需要技能和應變力。為確保工程師和技術人員的專業人才，教育需要提升，職業訓練也一樣，類似德國為支持員工提升技能所採用的方式。

像川普那樣光是對試圖將工作外移的企業發出威脅，將會無濟於事。他偏好的另一種方法，是利用關稅來破壞製造商依賴的複雜跨境供應鏈，不過這會損害他聲稱支持的產業。有些移民擁有製造商在國內找不到的技能，打壓那些移民只會對產業造成進一步傷害。而有利於生產線工人而非自動化投資的政策，最終將使國內產業的競爭力下降。這就是為什麼認清製造業工作的現況是很重要的事。

58 為什麼印度取消兩張面額最大的紙鈔？

2016年11月8日晚上，印度總理納倫德拉・莫迪（Narendra Modi）在一項電視演說中無預警地宣布，印度民眾錢包裡大部分的錢在午夜零時將不再被商店接受。兩種面額最高的紙鈔五百盧比和一千盧比（七・五美元和十五美元）將「被去貨幣化」——換句話說，就是被取消流通。政府允許民眾在年底之前到銀行將現金換成新鈔或是存入帳戶，過後舊鈔將變成一文不值的廢紙；作廢的紙鈔佔所有流通貨幣的86%。在政府部署新貨幣之際，民眾和企業面臨數週的混亂動盪。為什麼印度政府要這樣做？

政府辯解此舉合理，部分原因是擔心偽鈔擴散（印度經常將矛頭指向鄰國巴基斯坦），助長了毒品交易和資助恐怖主義。但廢鈔的主要目標是處理「黑錢」，也就是藏在金融系統之外、未申報來源的現金。印度經濟可能有20%是非正規的，其中大多是免稅的貧窮農民，但一般認為富人坐擁巨大的非法地下金庫，絕大部分藏匿在具公信力的外國司法管轄區銀行帳戶中，其中大多是高面值的印度紙鈔。長久以來，他們在購買黃金或高級房地產時，部份款項會以成捆（或好幾個手提箱）的非法現金來進行。

廢鈔行動導致人人都必須揭露持有的現金，否則將面臨損失。那些僅擁有幾捆五百盧比鈔票的人，顯然不是目標：政府表示，存款金額超過二十五萬盧比時，才會通知稅務機關進行調查。但因為突然宣布廢鈔，囤積大量紙鈔的人頓時陷入困境。一項針對「黑錢」的大赦計畫剛結束，稅務人員不太可能會善意看待未申報的成堆現金。當大家排隊換鈔時，窮人喜孜孜看著那群逃稅的貪婪富人遭受損失，不得不趕在年底前拚命把塞滿現金的手提箱拿去洗錢。

總之理論上是這樣。但2017年8月中央銀行即印度儲備銀行（RBI）發布的一份報告顯示，作廢的紙幣（十五・四兆盧比，相當於兩千四百一十億美元）中，有十五・三兆盧比或99%的紙幣都回流到銀行體系。要麼「黑錢」從未存在過，或者更有可能的是，囤積紙鈔者找到了讓它合法的方法。去貨幣化計畫的捍衛者堅稱，政府擴大打擊非正規經濟活動和貪腐，廢鈔只是其中一項。官員們曾私下垂涎，希望至少四分之一的錢（如果沒有更多的話）繼續留在暗處，社交媒體上曾謠傳那批錢能夠為分給所有印度人的一次性紅利提供資金。但由於99%的資金都回籠換鈔，等於每人可獲得的紅利只有一百盧比。整樁事件損及印度儲備銀行在獨立性和能力上的聲譽，也打擊了國族驕傲：去貨幣化計畫阻滯了經濟成長，從而把印度渴求的王冠——做為世界上成長最快的大型經濟體——交還給中國。

59 性別工資差距的根源在於生育嗎？

眾所周知，家長身分往往會傷害女性的職涯，卻不會對男性職涯造成負面影響。許多研究顯示，生育會降低女性一生的薪酬，這種結果被稱為「育兒懲罰」（child penalty）。各種的個人決定可以解釋這種影響。有些女性在孩子還小的時候，會減少工作時數或完全不上班；有些女性則是改做比較能照顧家庭但薪酬較低的工作。薪酬縮水的幅度存在著重大差異，從0%一直涵蓋到100%（如果女性完全停止工作）。

然而有一個有趣的因素，可幫助預測因生育導致女性薪酬減少的幅度是大或小：在女性童年時期由母親做出的選擇。普林斯頓大學的亨利克．克雷文（Henrik Kleven）、倫敦經濟學院的卡蜜兒．蘭黛絲（Camille Landais）和丹麥稅務部的雅客．索加德（Jakob Sogaard）的一項研究，分析了涵蓋丹麥幾個世代全部人口的行政資料，藉此量化育兒懲罰；育兒懲罰的定義是婦女在生育後收入落後男性的金額。從1980年到2013年，長期的育兒懲罰被發現約為20%。由於在該期間，男女的整體薪酬差距縮小，到2013年時，兩性收入差距中的其他差額，幾乎都是育兒懲罰造成的。女性在當母親之前，薪酬或多或少與男性保持同步，只在生育後她們的經濟軌跡才開始落後。

研究人員探索這種現象的潛在原因時注意到，在母親比父親更忙於工作的家庭中長大的女性，面臨的育兒懲罰往往較小；相反地，由全職母親帶大的女性較可能縮減個人的職涯。這顯示在決定如何平衡工作和家庭時，女性受到母親樹立的榜樣影響很大。引人注目的是，公婆的工作模式對女性的育兒懲罰毫無影響，這顯示女性的決定不受伴侶在童年時期可能形成的偏好影響。對那些希望女兒能夠縮短性別薪酬差距的母親們而言，這些都是心得教訓。如果能在女兒還小時以身作則，她們的願望就比較可能實現。

有其母必有其女

2015年4月至5月

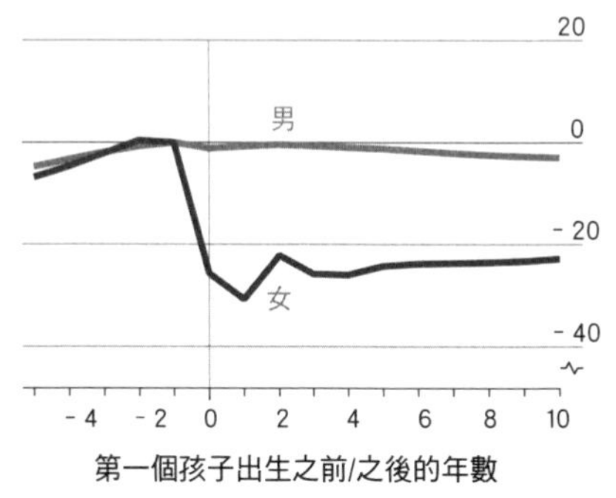

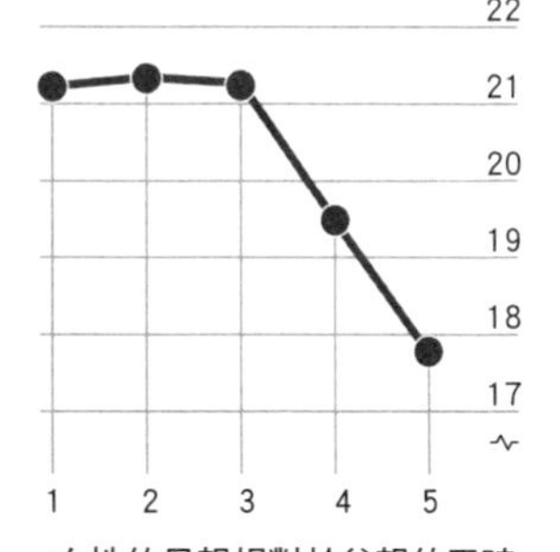

資料來源：「育兒和性別不平等：來自丹麥的證據」（Children and Gender Inequality: Evidence from Denmark），作者克雷文、蘭黛絲和索加德

PART SIX

身著實驗衣的部門：

攸關環境、科學與健康的常識

Q 為什麼富裕國家的森林正在擴張？

（1）林木業獲利高，植樹活動興盛
（2）鄉村農地縮減，森林自然擴張
（3）政府以政策補助造林
（4）環保意識抬頭，護林措施收效

——答案詳見P.179

Q 為什麼紐西蘭的川流不再純淨？

（1）觀光宣傳誇大，原本就沒那麼純淨
（2）工業廢棄物排入河川
（3）酪農業的牛隻造成河川含氮量過高
（4）人口增長導致污染加劇

——答案詳見P.184

60 年輕的血液真的有返老還童的效果嗎？

吸血鬼的玩笑可以說是經典。過去幾年，學界開始出現少量但為數穩定的科學論文，其內容簡直像節錄自驚悚小說：將年輕動物的血液注入年老動物的身體，會有返老還童的回春功效。令科學家興奮的是，目前至少有兩項臨床試驗針對人體進行。但這是真的嗎？如果為真，又是如何運作的？

以第一個問題而言，答案似乎頗肯定——至少在動物身上是如此。年輕血液的回春效果在實驗室老鼠身上看得見。實驗鼠經歷了一道毛骨悚然的「聯體」程序：在兩隻動物身體劃下傷口，接著從傷口處將兩隻動物縫在一起。隨著傷口癒合，兩隻動物的血管也會共同生長、彼此融合。結果是，兩隻動物共享同一套循環系統，兩顆心臟也同時抽送兩套血液。如果聯體的一隻是年紀大的老鼠、一隻是年輕的老鼠，那麼最後會產生出神奇的效果。

和人類一樣，與年輕老鼠相比，年紀大的老鼠傷口癒合較為困難。然而，如果將年紀大與年輕老鼠聯體，則前者修復受傷肌肉的能力也會變得幾乎和後者一樣好。此外，類似的效益也可在肝細胞和神經系統看到，當然反向的效果也有：年老的血液也使年輕的動物變衰老。

這一切如何運作就不太清楚了。目前最合理的猜測是，由於年輕血液中的某些賀爾蒙、信號因子與其他成分的整體作用，影響了年老動物的幹細胞行為。幹細胞對傷口癒合與身體的保養、維持至關重要，和其他構造一樣，幹細胞也會隨著年紀衰老。不過這道過程似乎具有可逆性，而年輕血液恰可恢復幹細胞繁殖、修復組織的能力。另一套理論則表示，年老動物是受惠於年輕動物的器官（腎臟、肝臟等等）。或許兩種解釋都正確：在若干實驗當中，有些動物是立即被輸入年輕的血液，沒有經歷數週時間的縫合聯體，依舊呈現出返老還童的現象，只是效果沒有完整聯體來的好。

這些不確定性並未阻止人們展開人體試驗。有一間公司Alkahest找了十八位阿茲海默症患者，打算定期給他們輸血——取自年輕捐血者的血。這項試驗主要是為了證明此類療法的安全性。如今輸血已相當常見，預期能順利進行，同時也計畫觀察心理健康方面的助益。另一間公司Ambrosia則做出驚人之舉——為臨床試驗收費八千美元，給三十五歲以上的受試者輸入二十五歲以下年輕人的血液。

此法是否奏效仍非常難以定論（抗老化相關研究總是在熱潮與失望之間循環），就算真的有效，由於捐血量長年短缺，這些血液必須優先提供手術、急救使用，而非拿來做不確定的抗老化療法。最理想的情境是：經過證明，血液化合物確實具有返老還童的效果，而科學家能辨識出其成分，接著生物化學家可以將這些成分量產成藥物。即便如此，成果不見得能夠延長壽命；相反地，這麼做是希望延長人們的「健康年歲」，讓長者老當益壯的時間拉長。即使無法像吸血鬼長生不死，但仍舊是一項值得追求的成果。

61 人們在人生終點想要什麼？

當死亡逐漸逼近的時刻，大部分人會有什麼企求、願望與擔憂呢？2016年，《經濟學人》雜誌與美國非營利、聚焦健康醫療的凱瑟家族基金會（Kaiser Family Foundation）進行了一項民調，詢問包括美國、巴西、義大利與日本的民眾，得到的回應顯示，最重要的事物要視居住地而定。

在美國和日本，優先順位第一項是不讓照護費用成為家人負擔。日本人可能會擔心葬禮費用，因為一場葬禮動輒三百萬日圓，約合兩萬四千美元；美國人擔心的是醫療支出，往往因此傾家蕩產。在巴西這個天主教國度裡，民眾的優先事項是尋求心靈的平靜。在人生終點，義大利人最渴望親愛的人陪伴身旁。醫生延長壽命的努力不見得總符合病人的優先順位：在所有七個選項當中，「活得越長久越好」被歸為最不重要的一個，除了巴西；在巴西，這個選項與「不造成家人的經濟負擔」平分秋色。

在每個國家裡，大部分的民眾都「些許」或「顯著」地思考過，自己重病時在醫療方面會有什麼樣的心願。然而，曾經和家人討論過這話題的人卻很少，將心願以白紙黑字記下的更是少之又少。美國人是最有可能事前做好規劃的一群，有56%的美國人曾和親愛的人討論，在重病時，希望接受什麼樣的醫療照護；有27%的美國人會以文字記錄下自己的心願。日本人是最傾向迴避這個話題的，即便日本擁有全世界最老化的人口。不到三分之一的日本人曾經告訴家人，自己在重病時希望接受什麼醫療照護，更只有6%將這些心願付諸文字。

這四個受調查的國家裡，都有個相同的現象：在願望與預期的最終結果之間，存在著重大落差。大多數人都表示，如果能選擇在哪裡過世，他們都希望可以在家裡臨終；美國人尤其如此，有近三分之二的人想在家中走完最後一程。然而在所有國家中，檢視認為會在自宅過世者的百分比，都較希望如此的人低了30%。預期自己會在醫院死去的人遠多於希望如此的人。

在世界各地，談論死亡的禁忌日趨式微。隨著時間演進，未來這將有助於縮小上述的落差，讓人們臨終的方式更趨近自己所希冀的方式。雖然死亡無可迴避，但非己所願的臨終方式卻是能夠避免的。

最終的心願

在思考你自己的人生終點時，下列各個項目的重要性為何：
2016年，回答「極為重要」或「非常重要」的百分比

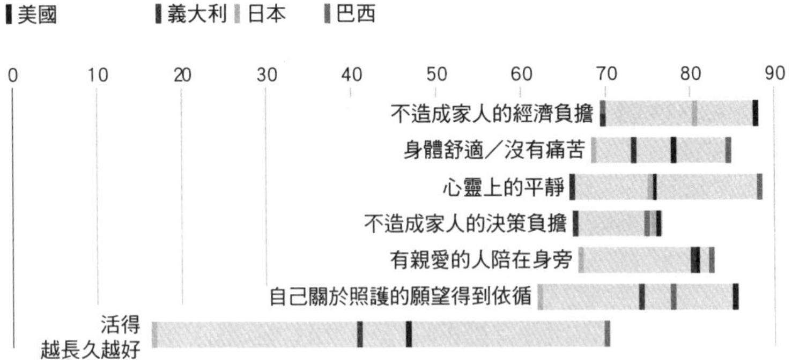

資料來源：凱瑟家族基金會／《經濟學人》

62 中國如何減少空氣污染？

「我從沒看過這樣的北京。」這句話出自法國總統馬克宏，時間是2018年1月。當時他正結束一趟北京訪問，站在一片萬里無雲的藍天下。隔天，非政府組織綠色和平東亞分部（Greenpeace East Asia）表示，馬克宏的感受相對準確。該組織注意到，在中國首都的上空，2017年第四季的PM2.5濃度——這是最微小的污染粒子，卻帶來最高的健康風險——比2016年同期低了54%。而在中國華北以北京、天津為核心的二十六座都市群中，PM2.5的濃度也比2016年同期低了三分之一。中國確實減少了惡名昭彰的空氣污染，不過是如何做到的？又付出了什麼樣的代價？

自2013年起，中國實行了嚴厲的反污染措施，頒布一系列禁令，合稱為「空氣污染國家行動計畫」。它訂定了全國的煤炭使用上限，並由各省分攤，所以舉北京為例，它必須在2013至2018年間減少一半的煤炭使用量。這項計畫也禁止使用煤炭的設施（已經運轉的發電廠除外），並加速安裝過濾器和洗滌器。在2013至2016年期間（2013年也是北京惡名昭彰的「空氣末日」年），上述措施讓北京的PM2.5濃度降低了超過四分之一。這項計畫的著稱之處，在於其措施都是直截了當禁止污染活動，而非提供誘因、減少生產過程中的污染，比方在價格或稅賦方面的優待（不過中國也有這方面的作法，其中包括一項成為全球最大碳市場的計畫）。

在華北空氣品質改善方面，進一步的命令與管控舉措也提供了協助，而這些舉措的頒布時間點為2017年10月。華北空氣污染的高峰期是冬季，因為中國大部分的暖氣皆以煤炭作燃料。在前述以北京、天津為核心的二十六座都市群中，政府還頒布了鋼鋁冶煉廠的排放管控政策。這些城市擱置了大規模的工程計畫，藉此減少水泥生產與柴油卡車引發的塵霾。此外，他們還創立一個新的環保單位，該單位在北京與周邊區域享有強大的執法權力。

由於這些禁令過於強硬，導致某些地區被迫在政策上做出急轉彎。早先這些城市曾經承諾要在2017年讓將近四百萬家戶由煤轉電，或者由煤轉天然氣，儘管替代的系統尚未就緒，政府單位仍終止了家戶、醫院和學校的煤炭使用。然而，由於醫院病房實在凍得不像話，學校則被迫得在氣溫零度以下的操場上課（室外至少還有陽光，比室內溫暖），最後政府只好有限度地允許燒煤。

2017年底的污染改善，顯示了中國的禁令為何往往比其他國家奏效。首先，許多最大的污染源都是國有企業，因此較容易管控。再者，中國半數以上的污染皆來自煤炭火力發電廠，政府可以鎖定減少煤炭使用；其他政府的情況則不同，那些國家的污染原因多樣化。即便如此，命令、控制措施最有效的時間點，基本上還是GDP從重工業、基礎建設轉型至服務業的時期，也就是2013至2016年期間。當基礎建設支出重新上升，也就是在2016和2017年間，前述措施就無法進一步減排，只能維持不增加排放。

此外，中國華北的禁令似乎是使某些污染活動轉移陣地。和2016年相比，2017年全中國的PM2.5只下降了4.5%，這顯示華南地區的污染反而增加。除此之外，先不論對學校、醫院造成的衝擊，上述措施的成本仍十分高昂。2015年，中國的顧問團體清潔空氣聯盟（Clean Air Alliance）指出，在2013至2018年期間，北京、天津與河北省鄰近區域的國家計畫造成的投資成本為兩千五百億元人民幣（兩百八十億美元），這還不包含連續多月、全面暫停工業與工程計畫的機會成本。簡言之，中國的措施確實奏效，但也付出了代價。在對抗空氣污染方面，中國目前只打贏了幾起戰役，尚未獲得整場戰爭的全盤勝利。

63 為什麼富裕國家的森林正在擴張？

巴西、剛果等國的森林受到保育人士的高度關注，原因顯而易見。南美洲與撒哈拉沙漠以南的非洲正遭到大規模森林砍伐，每年林地流失將近五百萬公頃。然而，西方富裕國家的森林也正在改變，這些森林越來越大——此處的「大」有雙重意涵：森林覆蓋的土地變廣，裡頭的樹木也長得更高大。究竟發生了什麼事呢？

幾乎在所有西方國家裡，森林同樣都正在擴張，增長最快速的更是歷史上樹木相當稀少的地區。1990年，西班牙28%的土地由森林覆蓋，如今的比例是37%。同一時期中，希臘和義大利的成長幅度都是26%上升至32%。在美國與澳洲，越來越多的土地逐漸被森林覆蓋。最令人吃驚的是愛爾蘭。愛爾蘭在1922年獨立之際，國土只有1%左右由森林覆蓋；如今森林覆蓋率已攀至11%，政府希望到2040年代能進一步推升至18%。

如此成長的背後有兩點原因。首先是農地的棄置，尤其在乾燥、高海拔的區域，那裡沒有作物能長得好，當農民放棄以橄欖和羊隻來維持生計，樹木便取而代之，成為土地的新主人。第二點是政府政策和補助。過去幾世紀以來，政府保護、推廣林地有許多原因，例如需要木材打造戰船，以及提倡郊區造屋等等。時至今日，森林越來越受到各國政府的歡迎，因為森林宛如碳的吸儲庫。儘管理由不同，想要種更多林木的希望卻維持不變。

西方國家的綠化並非皆大歡喜。農民抱怨由於造林補助太慷慨，很多土地閒置不用；一般農民也有獲得補助，但種樹造林的補助尤其慷慨。西班牙和葡萄牙的部份區域曾蒙受可怕的森林大火，在遍布尤加利樹的地區，森林大火往往格外猛烈——尤加利樹是澳洲進口種，起初是為了取其木漿種植，但該樹種也因此自行繁殖、擴散開來。還有些人只是單純不喜歡針葉林被種得排排整齊。不過這些人可得習慣下來，因為西方世界的森林擴張勢不可擋，一如其他國家砍伐森林的趨勢。

64 為什麼北極到了2040年可能完全無冰，比預期提早三十年？

過去三十年，北極的海冰面積減少了超過一半，體積更縮小了四分之三。北極理事會是一個探討科學政策的協會，會員為八個國土涵蓋北極圈的國家，還包含中國、印度等觀察員國。「北極的雪、水、冰和永凍層」（Snow, Water, Ice Permafrost in the Arctic，簡稱為SWIPA）為該理事會所主導的一份報告，也點出了上述問題。該報告預測到了2040年，北極在夏季將會完全無冰；早先科學家還曾表示，這件事情在2070年以前不會發生。1975至2012年期間，北冰洋中心地帶的冰層厚度下降了65%，而北極海冰年度最大面積的歷史低點出現於2017年3月。

理論上，海運公司應能受益於更開放的航道。如果從北歐經北極前往東北亞地區，和經由蘇伊士運河比起來，航程可以縮短40%。然而對北極的願景紛紛煙消雲散，原本預期的海運榮景並未實現。2012年，全球只有一百萬噸的貨品利用北極航道運送，這是微乎其微的運量，之後也未再超越。原因在於，即便是夏季，北冰洋依舊風雨交加，無法保證貨品能準時送達。漂流冰同樣也帶來危險，船隻必須加以強化才能應付，因而提高了造船成本。此外缺乏沿岸基礎建設

（比方深水港口），代表驅動多數船隻的重油如果外漏，對生態與業者的名聲都會造成衝擊，因為清理工作必須從相當遙遠的地方發動，也要更長時間才能奏效。

2017年初，國際海事組織（International Maritime Organisation）新的極地準則開始生效，其中就針對海運事宜進行規範，希望藉此應對上述某些疑慮。新準則禁止在極地海域排放污水與含油混合物。在各國當中，美國、加拿大還打算更進一步，例如兩國希望能禁止重燃料油（比照南極海域的禁令，當然南極還有各式各樣的特殊保護措施）。

然而，沒有什麼比潛在環境浩劫更迫切。北極的融冰問題在優先事項清單上順位迅速攀升，不只對國土涵蓋北極圈的國家如此，對遠方的其他國家也不例外。2012年2月，北極出現了一波罕見的熱浪，再加上歐洲格外寒冷的天氣，人們開始擔心暖化可能削弱了北極渦旋——北極渦旋是一個持續性的低壓帶，會將冷空氣鎖在極地附近。巴黎協議或許最終能讓氣溫穩定下來，但更積極的舉措也有其必要，因為各國不太可能遵守巴黎協議所設下的限制。

北極海冰面積

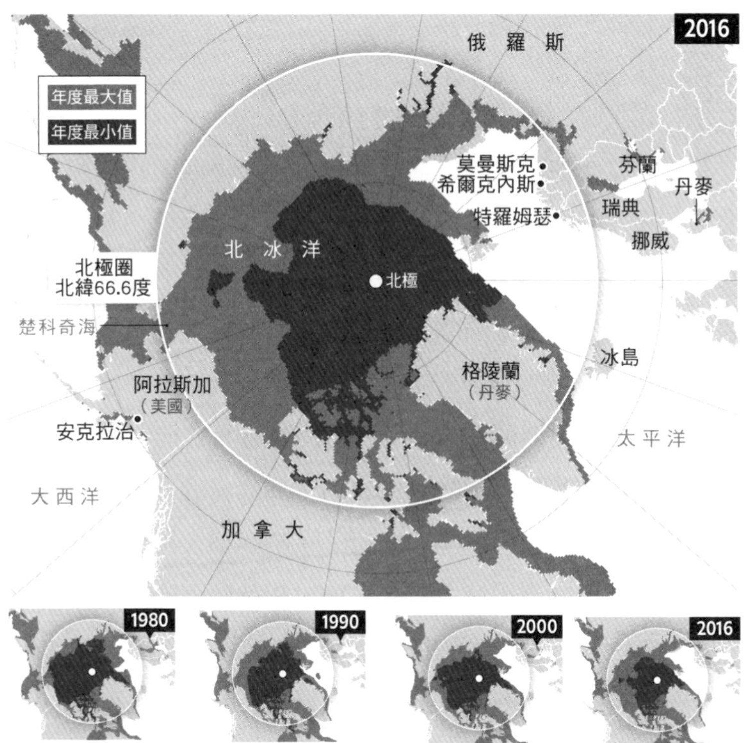

資料來源：美國國家冰雪數據中心（National Snow and Ice Data Centre）

*至少有15%海冰的海洋區域

65 為什麼紐西蘭的水中有異物？

飼養家畜總會對環境造成影響，然而紐西蘭的情況尤其惡劣，因為曾放養綿羊的牧場後來都轉成酪農場，為的是滿足中國對牛奶的需求。自1990年以來，牛嗝（這是主要的問題所在）使紐西蘭溫室氣體排放增加23%。農牧業在紐西蘭占了將近一半的碳排總量，比重遠高於其他富裕國家。顧問人士指出，紐西蘭必須減少牲畜的數量，才能在2030年之前，將溫室氣體排放下降到比2005年低30%的水平。然而嗝氣並非來自牲畜體內的唯一問題，在紐西蘭，第二個、也是人們相對陌生的環境疑慮已然浮現，危及該國純淨美好的名聲。六百六十萬頭乳牛的排泄物已經污染了河川與地下水，如今在紐西蘭，有將近三分之二的水域已不適合游泳。

牛隻有好幾種途徑造成水源污染。牠們的尿液富含氮，會將土壤中的物質淋溶入水域，並在水中扮演類似肥料的角色；加上土壤粒子帶入河流中的磷，結果可能會促使黏質與有毒藻類的生長。根據成員多為富裕國家的經濟合作暨發展組織（OECD），在紐西蘭，半數受監控河川的含氮量皆足以驅動大量藻類生長。自2006年以來，毒藻已經造成至少七十隻狗喪命。而在農牧業密集的坎特伯雷（Canterbury）

平原上，人們會建議孕婦測試飲用水的含氮量，以避免出現青紫嬰兒症候群——這是一種可能讓寶寶窒息身亡的疾病。然而最受威脅的是生態系統，過多的氮會毒害魚類，藻類過量生長則會耗盡水中的氧氣。生態學家直指這些污染元凶，指責牛隻讓將近四分之三的原生魚類備受威脅。

更大的破壞來自糞便，裡頭包含大腸桿菌等有害細菌。不幸的是，牛相當喜愛涉水步行，這意味著牠們的糞便往往都留在水中。和英國人相比，紐西蘭人感染曲狀桿菌的機率高出一倍，而這種細菌寄生於牛隻的糞便；若和澳洲人相比，紐西蘭人染病的機率更是高出三倍之多。坎特伯雷是紐西蘭南島的一個區域，擁有大量牛群與未經處理的水源，醫生表示坎特伯雷居民腸胃炎的發病率也比較高。

這一切都困擾著紐西蘭人民。有些人擔心這會對觀光造成衝擊，而觀光業是紐西蘭唯一比酪農業更重要的出口產業。每年有超過三百萬人造訪紐西蘭，這些遊客聽信觀光宣傳的保證，預期自己來到一個「100％純淨」的國度，污染加劇可能會使遊客數下滑。農民採取的措施是：在河邊架設圍籬，防止牛群進入水域；種植樹木緩解土壤侵蝕。地方議會也接獲要求（至少理論上應該收到了要求），必須制定水源品質的限度，確保水質不會繼續惡化。

2017年誕生了一項新計畫，目標是到2040年要讓90％的河川適合游泳。但這個計畫令許多環保人士大失所望，因為政府雖然針對水中氮含量制定了準則，容許量仍太高，讓河川乍看之下安全，實際上卻沒有許多人認為的那麼安全。生態學家表示，這個問題就和碳排放一樣，如果不先減少全國牲畜的數量，水源就不可能恢復純淨。連政府的農業部長也承認，紐西蘭可能已趨近「牛隻數量的承受上限」。

66 哪些鼓勵戒菸的措施正遍及全球？

每隔兩年，世界衛生組織（World Health Organisation，簡稱為WHO）都會檢視各國政府減少人民吸菸的努力。最近一份報告發布於2017年7月，其內容顯示，只有土耳其一個國家實行了最完整的措施，涵蓋世界衛生組織建議的所有事項。這些措施包括了禁菸、高額香菸稅、吸菸危害警告、香菸廣告禁令，以及政府補助幫忙戒菸的服務等等。

雖然採行這些措施的國家數量穩定成長，相關漏洞仍舊屢見不鮮。在歐洲以外的地區，香菸稅通常較低。與2008年相比，2016年這些地區的香菸價格依然相去不遠，在許多地方甚至還變得更便宜。在少數國家裡，稅占了至少四分之三的香菸價格，但這些國家只占全球人口之中的百分之十。四分之三香菸價格的稅賦是經過實證的水平，能夠有效遏止民眾吸菸。

在吸菸釀成的死亡當中，有八分之一是吸二手菸所導致，大約是一年九十萬人。即便如此，全球有將近六十個國家並未針對公共場所頒布全面禁菸令，即使是限於餐廳或大學這樣單一類型的公共場所也沒有。就算政府真的有制訂嚴格法規，執法往往是過於鬆散或毫不遵行。舉例來說，希臘規定所有公共場所禁菸，但是造訪雅典的遊客都會看到當地居民肆無忌憚地四處抽菸。

近年來最令人振奮的趨勢是，在香菸包裝上加註強而有力、影像鮮明的警語越來越受歡迎。2014至2016年間，採用這類警語的國家增加了75％，目前已涵蓋全球近半數人口。由於如此迅猛的成長，公衛倡議人士依舊滿懷希望，相信其他經過實證的措施也能快速擴散，減少民眾的吸菸行為。

你能戒掉嗎？

1999至2016年，制定嚴格*香菸管制政策的累進國家數量

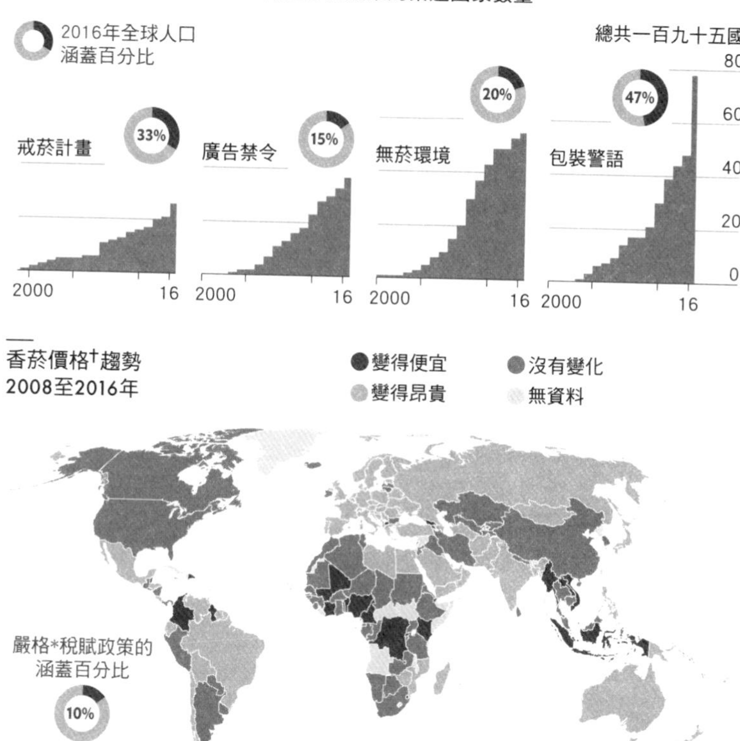

*依據世界衛生組織的建議，最為完整的等級

†如果購買兩千根最暢銷品牌的香菸，其佔人均國內生產總值（GDP）多少百分比

資料來源：世界衛生組織

67 為什麼「基因驅動」技術尚未實施於野生環境？

在有性生殖的生物當中，後代從親體遺傳到某個基因特定版本的機率通常為50%。「基因驅動」是一種DNA工程技術，能改變上述的機率，將結果導向其中一個親體的基因版本，遠離另一個親體的基因版本。

如果受到屬意的版本經過足夠的積累，那麼在短短幾個世代之內，該版本就能成為特定群體當中唯一持續流傳的基因版本。這個技術有各種用途。

半世紀前，當自然界的基因驅動被發現不久，學者便體認到在協助消滅疾病和蟲害方面，這個現象有潛力成為強大的工具。例如，透過基因驅動散播某一種基因，讓蚊子無法成為瘧疾原蟲的宿主，這種疾病就會被消除；如果基因驅動讓雌蚊不孕，那就能完全消滅這種昆蟲。然而目前為止，並沒有任何這類基因驅動實施於野生環境。為什麼呢？

早期曾經有一些合成基因驅動的嘗試，當時聚焦的是內源核酸內切酶（homing endonuclease）。這種酶可以嵌入基因的複本，這些基因會把內源核酸內切酶編碼成為染色體，因此增加其數量，提高了傳給生物體後代的機率。然而，在滿足人類設想的目標方面（例如干擾生育功能的基因），工程就顯得相當困難，不過這個問題在2015年得到解決。當時，來自加州大學聖地牙哥分校（University of California, San Diego）的瓦倫提諾・甘茨（Valentino Gantz）和伊森・比爾（Ethan Bier）使用了新發現的基因編輯方法CRISPR-Cas9，打造出的基因驅動能嵌入果蠅基因組的任一處。

雖然基因驅動能藉由CRISPR-Cas9輕易打造，這也帶來了關於該技術的新疑慮，此一疑慮必須先加以應對，後續才可能將帶有基因驅動的生物體放生至野外。首先，如果某個基因驅動因為不明原因，從目標物種移轉至其他動物的基因組中，結果可能造成其他動物的滅絕，且沒有機會採取任何挽救行動。因此研究人員正在發展能關閉基因驅動的方式。

再者，有些生態學家擔心，消滅整個物種將會引發若干副作用。舉例來說，如果根除瘧蚊，那麼以瘧蚊和其幼蟲為食的動物也將因此受害。第三，不可能所有國家都同意讓帶有基因驅動的生物體進入自己國土，必須要有方法將基因驅動的效果限縮在特定區域。這項技術的初步試驗很可能會在無人小島上進行。最後，2017年的《PLOS遺傳學》（PLOS Genetics）期刊發表了一份研究，進一步佐證基因驅動可能無法奏效。昆蟲和病原體會演化出抵抗力，因應推陳出新的殺蟲劑與抗生素，而基因驅動也同樣會引發抵抗，而且速度可能比許多人預期的還要快。

以上並不代表未來無法實現基因驅動初期的願景。研究人員仍在持續努力，打造能消滅瘧疾與蚊蟲的基因驅動，並創造出無法繁衍雌性後代的鼠類，藉此根除具侵略性的囓齒動物。其他學者則試著打造具有特定免疫力的白足鼠，避免牠們感染萊姆病菌，這可以防止蜱蟲在吸附老鼠時遭到感染，進而預防最終傳染給人類的疾病。紐西蘭政府計畫在2050年杜絕所有的大老鼠、白鼬與袋鼯，人們預期基因驅動能在其中扮演一定的角色。儘管如此，《PLOS遺傳學》中的研究強調，要克服演化並不容易。誠如《侏儸紀公園》裡所說的，生命總會找出適應之道。

68 為什麼解決印度的衛生問題如此困難？

印度正與中國激烈競爭，希望成為全球成長最快的大型經濟體，但是該國在基礎衛生方面的紀錄卻相當駭人。印度有大約四億五千萬人如廁的地點，仍是操場、樹下、路邊，以及鐵軌與河堤上。在城市當中，有一億五千七百萬居民——超過俄羅斯總人口——缺乏基本的廁所設施。大部分的固體排泄物都進入河川、湖泊和池塘，完全沒有經過處理。世界銀行（World Bank）表示，在印度的所有死亡人數當中，有十分之一與衛生條件惡劣有關。由於地下水遭污染，孩童因而感染慢性疾病，身體無法有效吸收營養。世界銀行指出，有將近四千四百萬不到五歲的孩童發育遲緩，每一年有超過三十萬名孩童死於腹瀉相關疾病。印度要怎麼改變如此嚴峻的情況呢？

2014年，印度政府承諾將於2019年終結室外大小便行為。2019年正值甘地（Mahatma Gandhi）一百五十歲冥誕，當年他將衛生視為神聖的事物，「比政治自由還重要」。政府當局提撥了兩百九十億美元展開全國計畫，該計畫據稱已興建四千九百萬個家戶廁所，未來還要再打造六千一百萬個；每個家戶會得到一萬兩千盧布（一百八十七美元）建造廁所。這措施是一項長期計畫的一部分，它可以回溯至1950年代初期，亦即印度第一個五年計畫的時間點。

過去三十多年來，印度政府一直針對偏遠村落的廁所設置提供補助。1986至1999年期間，印度共設置九百四十萬個茅廁，讓有衛生設施能使用的人數每年增加七百四十萬人。然而，覆蓋率增加不保證使用率跟著上升。2014年，慈善經濟研究院（Research Institute for Compassionate Economics）的一項研究發現，在40%有廁所可用的家戶中，至少會有一位家庭成員寧可選擇到戶外方便。

村莊居民往往不認同缺乏衛生會造成問題。許多人只在緊急情況下才用廁所，因為擔心糞坑會很快堵塞，然而這些糞坑絕對夠一家五口用上十年左右。種姓制度在此也扮演了一定的角色。村民不願意自己動手清空茅廁，因為傳統上拾糞這種卑下的任務是由賤民（從前被視為穢不可觸）階層負責。有些人認為在戶外方便是一種男子氣概的展現，在外頭走一走可以幫助消化。此外，由於廁所往往是家中唯一的堅固構造，最後也可能常常被用來儲放木柴、草料、雞隻、牛糞餅以及糧食穀物，或者同時用作羊棚。

茅廁設置計畫的執行也往往是半吊子。有些家戶儘管獲得補助，卻不見得都會建出廁所。衛生顧問尼提亞・扎克布（Nitya Jacob）指出，一個很常見的現象是，村長、在地承包商與進行實地調查的低階工程師會彼此勾結，在建材與設計上偷工減料。

僅是做到快速鑿出許多茅坑，並無法解決問題。印度可以學習鄰國孟加拉的經驗，因為在1990至2015年間，孟加拉將戶外大小便的盛行率從34%降成1%。孟加拉政府與村委員會合作了一項長期計畫，教育民眾良好衛生的種種優點。孟加拉不單只突顯戶外方便的危害，更稱頌了清潔、衛生的好處，於是擁有廁所成了尊嚴的象徵，並且由女性決定家戶中建造廁所的地點與類型。

相反地，印度官員有時會以殘酷手段式懲罰在戶外大小便的人，手段包括毆打一頓，或是剝奪當事人的政府福利，比方退休金和每月家戶津貼，除非當事人肯在家裡建造廁所才罷休。強迫式的作法短期內或許有效，能增加廁所興建的數量，但在倡導使用廁所方面效果卻極其有限。

69 為什麼有些致命疾病難以根除？

腺鼠疫為中世紀歐洲帶來了恐懼。十四世紀時，超過三分之一的歐洲人口死於「黑死病」，這也加速了封建體制的終結。鼠疫是一種細菌傳染疾病，時至今日已能透過現代抗生素加以治療，儘管如此，鼠疫依舊存在，並非只是史冊中黑暗時代的記載。2017年6月，美國西南部新墨西哥州的衛生當局宣布，光是在前一個月就有三個人被診斷出鼠疫。這是很明顯的增幅，因為根據美國疾病管制與預防中心（US Centres for Disease Control and Prevention）的數據，通常美國一整年的病例數是七起左右。

鼠疫、伊波拉和禽流感這些人畜共生傳染病（一般是由動物帶原）非常難以根除。鼠疫是由鼠疫桿菌（Yersinia pestis）所引起，這種細菌會先感染跳蚤，跳蚤主要又寄生於囓齒動物。在歐洲，這些跳蚤大多寄生在黑鼠身上；而在美國西南部，也就是富裕國家中鼠疫病例最多的地區，這些跳蚤已經移轉至鄉間的松鼠、土撥鼠身上。鼠疫至今仍沒有發展出疫苗，如果不快速投以藥物治療，這種疫病的死亡率相當高。其中最常見的類型是腺鼠疫，傳染途徑包括了跳蚤叮咬、與動物接觸等等，感染者死亡率為30％至60％。另外還有一種較為罕見的肺鼠疫，會感染肺部，並透過打噴嚏、咳嗽傳染，致死率是100%，沒有任何治療方法。2015年，美國有四個人死於鼠疫，這是三十年來最高的年死亡人數。

不過在全球的層級方面，鼠疫主要是一種與貧窮連結的疾病。鼠疫的自然疫源地——亦即由細菌、跳蚤和動物創造出有利於鼠疫傳播的環境——世界多數區域皆有，但在大部分病例發生國裡，人民的衛生條件普遍較差，治療速度也比較慢。2010至2015年間，全球一共有三千兩百四十八起病例，其中有五百八十四人死亡。

全球鼠疫最嚴重的國家是馬達加斯加：世界上有四分之三的新感染病例與死亡人數都在這個國度。此外，鼠疫也開始出現在島上的新地點。2017年1月，世界衛生組織（WHO）確認了馬達加斯加的六十二起病例，其中包括二十六人死亡，這些病例的通報地區自1950年起就未曾爆發過鼠疫。這個古老的殺手級疫病或許不像從前那般致命，卻也尚未遠離。

鼠疫肆虐

人類罹患鼠疫（通報人數）
2010至2015年

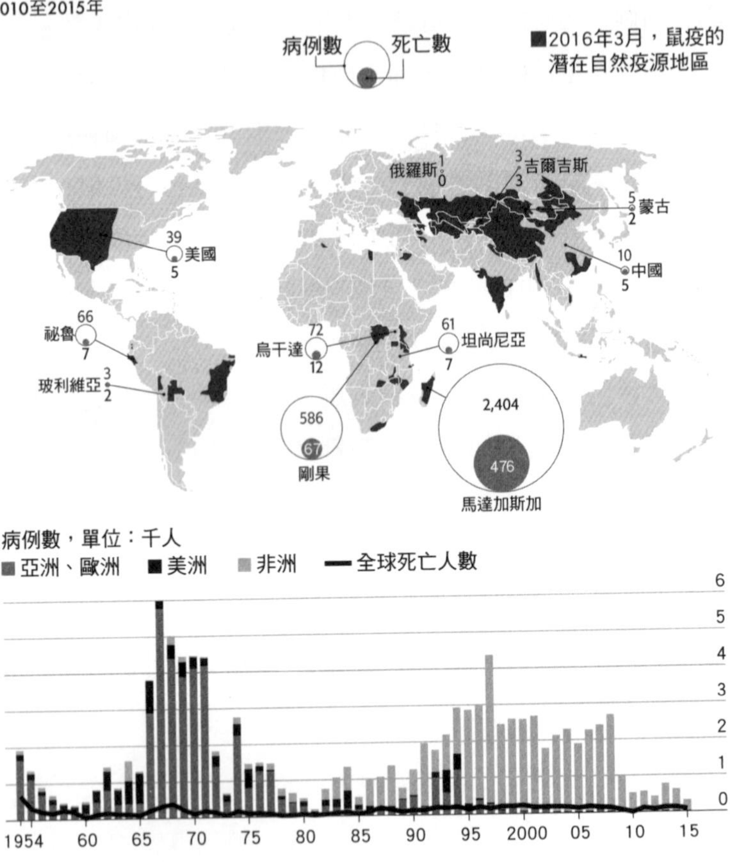

資料來源：世界衛生組織（WHO）

70 為什麼中國受夠了外國廢棄物？

中國是全球最大的原物料消費國，每年中國都購買數十億噸的原油、煤炭與鐵礦。不過在其中一個商品市場上，中國將很快不再扮演主角，那就是廢棄物。2017年7月，中國向世界貿易組織表示，依據中國政府反對「洋垃圾」的行動倡議，自該年年底開始，中國將不再接受二十四類固定廢棄物的進口。政府官員指出，限制此類進口可以保護環境、改善公共衛生。然而，這道禁令衝擊了數十億美元的貿易，同時也讓中國的許多回收業者倒閉。為什麼北京政府如此想終結中國的廢棄物貿易呢？

過去數十年來，中國一直是全球回收廢棄物的主要處理地。2016年，中國進口了四千五百萬噸的廢五金、紙類和塑膠，價值超過一百八十億美元。向外國公司付錢買垃圾乍看是一項不公平交易，但這樣的貿易其實對雙方都有利。出口方可藉由過剩的廢棄物賺取報酬，否則最後也是送進垃圾掩埋場。另一方面，中國企業能取得穩定的回收物料供給，與國內生產的原物料相比，這些回收物料通常較便宜，所耗費的能源也較少——舉例來說，與鐵礦生產出來的鋼鐵相比，回收鋼鐵耗費的能源減少了60%。

然而，這樣的經濟利益也有其代價。進口的回收廢棄物往往骯髒、未做好分類，或者受到有害物質的污染。即使這些廢棄物安全進口，也不表示最終能妥善進行回收。2002年，中國政府飽受了諸多批評，當時有一部紀錄片顯示，廣東工人以粗糙的方式拆解廢棄電子裝置，並將有毒的殘留物直接排入河川。還有一部較近期的紀錄片《塑料王國》，內容檢視了塑膠回收產業對中國環境造成的破壞；在中國，這個產業是由上千個小型業者主導，往往缺乏妥善的污染管控措施。

面對越來越高的公眾壓力，中國政府開始進行掃蕩。2013年，政府推出了「綠籬行動」倡議，透過更嚴格檢查貨櫃船來阻止非法、劣質的廢棄物進口。2017年2月，中國海關官員宣布了「國門利劍政策」，目標是減少工業和電子廢棄物的非法運送。外國垃圾的禁令則是另一個例子，展現出中國政府致力於整頓該產業的決心。

政府表示禁令將能夠保護環境，不過分析師認為中國回收產業接收的廢棄物大部分都源自國內，而非進口而來。隨著出口商轉而尋找馬來西亞、越南或印尼的替代買主，廢棄物也開始在西方國家囤積，最後賣不出去的大概只能送進垃圾掩埋場了。

71 為什麼狼正重新回到法國？

洛澤爾（Lozère）是法國南部多山的一個省分，當地居民的抱怨在歐洲許多鄉村地區都聽得見。在偏遠村莊裡，比方勒帕孔（Le Bacon）與勒帕孔威塢（Le Bacon Vieux）這些地方，當地首長抱怨在地學校缺乏、工作機會稀少，或是沒有電話和網路連線。飼養草食動物的農牧業者還會補充一點，不過這項擔憂聽起來很陌生：狼回來了。二十世紀期間，狼曾經在法國消失絕跡，現今這些掠食者正悄悄重回森林、山丘地帶。

「狼的問題必須好好處理。」這句話來自一位有抱負的國會議員法蘭西斯・帕隆畢（Francis Palombi），2017年競選期間，他在選民的壓力之下做出上述表示。儘管遊客喜歡造訪洛澤爾的狼公園，農民憂心的是他們的牲畜與生計。

官方估計顯示，2017年，法國全境有大約三百六十四狼，比2016年的三百頭左右來得多，狼群數量也從三十五群上升至四十二群。近幾年來，法國的數十個省分都發現狼的蹤跡，甚至出現獨自健行者遭遇狼群包圍的報導。為什麼狼回來了呢？

早在九世紀當時，法國就已經成立皇家獵狼隊來對付這些掠食者。1930年代期間，這些官方的獵人（以及其他獵人）完成了任務，讓最後一匹狼消失在法國本土。十九世紀由於積極獵捕以及步槍等科技精進，再加上毒藥的使用，導致狼的數量大幅減少。然而到了1990年代初期，這種動物又再次出現；牠們從義大利翻越阿爾卑斯山而來，讓法國這端的養羊人家飽受困擾。從那時以來，狼的足跡已進一步擴散到洛澤爾等地。

這點令環保人士欣喜雀躍，他們認為狼的存在象徵著整體生態環境的健全。農民則沒那麼高興，因為他們表示狼的出現造成了數千隻羊和其他草食動物的死亡，並抱怨由於環保倡議者與嚮往政治正確的都會人士，使得這群古老的敵手又捲土重來。

有好幾項因素可以解釋過去幾十年來的變化。鄉村地區的人口減少是其一，舉例來說，在十九世紀中期的洛澤爾，農業與礦業養活超過十四萬人口；時至今日，該省只剩不到八萬人口，其中許多還住在城鎮裡。隨著人口減少，森林便持續擴張，1990至2015年期間的法國，森林覆蓋面積每年平均增加十萬兩千公頃，因為越來越多田地被林木佔領，現今有將近三分之一的法國本土是由林木所覆蓋。

在狼棲息地增加的同時，獵人的數量也在遞減。二十世紀中、後期，有超過兩百萬名獵人會定期在冬季的週末漫步林間，尋找野豬、鳥類和其他的獵物。如今，根據法國全國獵人聯盟（Fédération Nationale des Chasseurs）的說法，全法國只剩一百一十萬人擁有打獵執照，而且有進行打獵的活躍人數大概更低。在歐洲，狼享有受保護的地位，獵狼行為已經禁止，除非是國家偶爾下達的撲殺令。此外，非政府組織也致力於追蹤動物的足跡和數量，種種這些都促成了狼的數量回升。

由於歐洲的狼逐漸向西擴散，偶爾還會有報導指出狼現身於都會鄰近地帶，因此未來勢必會有更多的衝突發生。衝突的一方是農牧業者，另一方則是歡迎狼回歸的人士。農民的損失千真萬確，但這並非唯一的經濟考量。比方一些飼養狼隻的公園，以及狼的擴散現象所引起的公眾討論，都能為鄉村地區帶來觀光商機與工作機會。展望未來，洛澤爾這類偏僻的省分在依賴農牧業之餘，也會同樣仰賴觀光客的造訪。狼可以不只是威脅，也可以是夥伴盟友。

72 為什麼在動物王國裡，最大的並非最快？

過去三十年來，探索頻道（Discovery Channel）一直費力製播《鯊魚週》（Shark Week）年度系列節目，希望提倡人們對這種深海尖牙魚類的理解與保育。雖然忠實觀眾學到了鯊魚在海中生活的許多知識，但該節目從未示範一件事情，那就是鯊魚其實可以游得比人類還快。不過到了2017年7月，為了替該年的《鯊魚週》揭開序幕，探索頻道推出了大白鯊與人類最速泳將的史上第一場競賽。

雖然麥可・費爾普斯（Michael Phelps）曾贏過二十三面奧運金牌，但事實證明鯊魚是難纏的對手：在公開水域的一百公尺（三百二十八英尺）競賽中，大白鯊比費爾普斯快了整整兩秒，三十六點一秒對上三十八點一秒。如果要替人類辯護的話，這場比賽並非在正常條件下舉行：基於安全考量，並確保參賽者不會使彼此分心，雙方是分開進行比賽，而非同一時間都在水中。

長久以來，許多人類運動員都在體能競賽上敗給其他物種，費爾普斯只不過是最新的一位。在早先的競賽當中，對手大半都是陸棲動物。2007年，有一位南非的橄欖球星與獵豹比賽短跑，藉此讓人們意識到獵豹的數量正在減少；兩年之後，一位美式足球選手對上了鴕鳥，也就是世界上速度最快的雙足動物。這兩位男人都輸得相當慘烈。在這樣的比賽當中，由於這些物種皆是以最快速度著稱，因此人類運動員不太可能獲勝。

如果探索頻道的宣傳團隊認為，平分秋色的競賽或許更能吸引觀眾目光，那麼他們可以參考《自然生態演化》（Nature Ecology & Evolution）期刊中的一份研究，其內容檢視了動物尺寸與最快速度之間的關係。這項研究的作者發現，動物（或魚類）的最快速度與身體質量成正比，但正比只維持到某個點為止，在那之後，身體質量越高速度反而越下滑。在肌力與能量爆發方面，中型動物（比方獵豹、槍魚或老鷹）是最能兼顧的一群。正因如此，即便尖吻鯖鯊體型較小，卻能夠游得比大白鯊快上許多。

人獸競速

身體質量與物種的最快速度，以活動方式區分

● 飛行　● 跑步　● 游泳

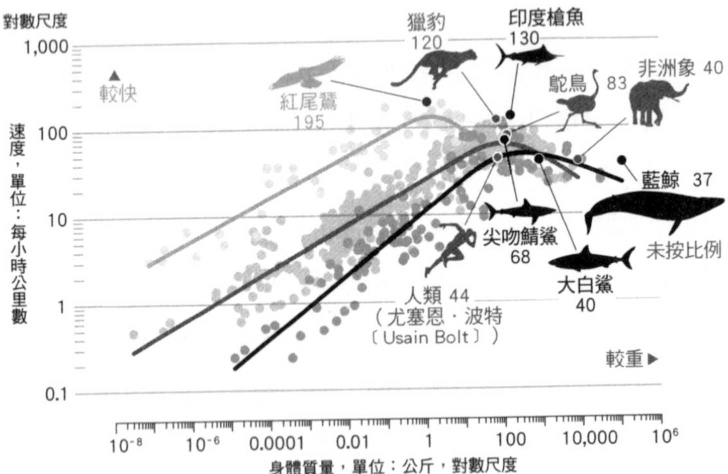

資料來源：「一般性比例定律顯示，為何最大的動物並非最快」（A general scaling law reveals why the largest animals are not the fastest），作者為密瑞恩・赫爾特（Myriam Hirt）等，於2017年7月發表於《自然生態演化》（Nature Ecology & Evolution）期刊。

PART SEVEN

技客開講：
與科技相關的常識

Q 電玩真的讓年輕人沉迷而導致失業嗎？

（1）沒有直接證據顯示如此

（2）打電玩者相較同儕的就業率確實較低

（3）工作選擇惡化，打電玩是因為找不到好工作

（4）電玩帶來滿足，玩家不那麼積極追求事業

——答案詳見P.210

Q 為什麼和早先的無線科技相比，5G可能同時比較快又比較慢？

（1）理論傳輸速度和實際上有落差

（2）價格太高，難以普及化

（3）消費者沒有相關需求，缺乏使用誘因

（4）5G速度很快，但相關設施佈建會比較慢

——答案詳見P.216

73 什麼是腦機介面？

世上的第一批電腦是足以佔滿整個房間的眾多大型機器。隨著電腦越來越便宜、體積越來越小，它們也走出了地下室和實驗室，變得更貼近人類：首先移動到桌面和大腿上，最終則進入口袋、套上了手腕。現階段而言，電腦還僅止於人類身體表面——大部分電腦是如此。不過，有些電腦正開始進入大腦裡面。所謂的「腦機」是如何運作的呢？

「腦機」是一個總括性的詞彙，涵蓋一系列不同的科技。「腦機」的定義各異其趣，取決於電腦（「機」）的所在位置，以及電腦的處理能力等級。現今的腦機都是屬於相對單純的裝置，以醫療用途為目標，仰賴與大腦之間的簡易連結。這些腦機幾乎清一色是低功耗裝置，穿戴在身體的外部，並發出相對遲鈍的信號，透過皮膚傳向大腦相應的區塊。數十萬人已經在使用這樣的裝置，略去傳統的輸入／輸出系統——比方透過手指和聲音，或仰賴眼睛和耳朵——直接與大腦進行通訊。這些裝置大多用於彌補受損的身體功能，例如失聰。

最簡易的腦機類型是人工耳蝸，這種裝置能將聲波轉換成電磁信號，藉此直接刺激聽覺神經。控制這整套流程的電腦安置在耳朵後方，連接一具麥克風和一組穿戴式電池。這台電腦會將電與聲波——聲波已轉換成電磁信號——傳給植入顱骨內靠耳朵旁邊的組件。該組件以無線的方式接收信號後，將其轉譯成電流、流經一條線路，通過耳朵的生物構造，最後來到嵌在聽覺神經中的電極。另一種類型的腦機稱為神經刺激器，這是用於治療帕金森氏症的裝置，通常會植入在胸部或下背部的皮膚裡。該裝置會將電磁信號發送至大腦一個叫作基底核的部位，而基底核與自主運動的控制有關。

現今，有一種新的腦機出現在矽谷——現階段而言，新腦機仍僅止於紙上談兵階段。創業人士認為，裝置可以不只取代喪失的功能：他們期望能夠將大腦直接連結電腦、網際網路，提供大腦全新的功能，超越人類當今現有的種種能力。想像一下：在一個人有意識地發問之前，谷歌搜尋就已經將搜尋結果提供給大腦，或者是腦與腦直接溝通，訊息只需透過想法就能傳遞。伊隆・馬斯克（Elon Musk）有一間新公司叫作Neuralink，布萊恩・強森（Bryan Johnson）則有一間稍微老一點的公司Kernel，這些公司正主導著這項發展。

目前而言，人類對大腦的功能細節理解得還不夠，因此人類尚無法在大腦語言溝通的層次上解讀、書寫資訊。不過對矽谷的樂觀人士來說，他們許多人都是科幻小說的狂熱讀者，而在科幻小說中這類裝置比比皆是，所以他們相信這一切只是時間遲早的問題。

74 電玩與失業之間有什麼連結？

2017年，電玩產業的營收約為一千一百萬美元，這使得該產業成了全球最大規模的娛樂產業之一。市面上的電玩類型應有盡有，有的是打發時間的手遊，有的則是細緻、引人入勝的奇幻世界，玩家可以置身其中好幾天、數星期的時間。的確，電玩讓人沉迷的本質令人擔憂。2016年，由四位經濟學家共同發表的一篇論文指出，高品質的電玩遊戲——也就是所謂的「休閒奢侈品」——導致美國年輕人就業率下滑，在年輕男性當中尤其如此。由於成年初期在社會、經濟方面至關重要，這樣的趨勢可能會造成嚴重問題。不過，電玩真的讓年輕人沉迷而導致失業嗎？

在連結電玩與工作兩者之際，馬克・阿吉亞爾（Mark Aguiar）、馬克・畢爾斯（Mark Bils）、柯爾文・查爾斯（Kerwin Charles）和艾瑞克・赫爾斯特（Erik Hurst）四位經濟學家提出了強而有力的數據。2000至2015年期間，二十多歲、沒有大學學歷的男性就業率下滑了十個百分點，從82%降至72%。這些男性通常與父母同住，未婚比率也比同儕來得高——而且，他們確實都打電玩。在該群體當中，工作時間每少一個小時，花在休閒活動的時間就上升大約一個小時；在增加的休閒時間裡，有75%皆由電玩佔據。

在同一段期間當中，電玩的視覺也越來越生動、故事越來越複雜，同時社交性變得更強，此外與其他的奢侈活動相較也沒那麼昂貴。因此，如果說這些電玩帶來了滿足，導致玩家並不那麼積極追求事業（假使原本會積極追求事業的話），這種說法也不太令人意外。

然而，如果要得出確切的結論，我們就必須清楚瞭解因果關係的方向性。二十一世紀初以來，電玩確實日新月異，但年輕人的工作選擇同時也有惡化的現象。經過通貨膨脹調整，自1990年代以來，大學畢業年輕人的時薪就停滯不前，高中畢業生的薪水則呈現下滑趨勢。在不要求大學學歷的工作中，具大學學歷者的任職比率在2000年代初期只有30%多一些；十年之後，這個數字上升到了將近45%。此外，若與整體人口相比，年輕人受到金融危機、經濟衰退的衝擊也相對較大。有些人無法受聘於高負荷的全職工作（或者完全找不到工作），因此電玩往往成了打發過剩空閒時間的方法。也就是說，電玩並非使人不願工作的誘因，它更像是其他經濟問題的症狀，而不是根本原因所在。

電玩會越做越精緻，而在美國失業、半失業的年輕人口當中，選擇電玩、無心專注事業的比率大概也會繼續日益升高。這不見得是什麼需要大家悲嘆的事情。打電玩通常具有成就感和社交性，足不出戶打電玩或許提供了一項不同的選擇，取代人們所不樂見的反社會行為。如果工作的吸引力不夠強大，無法勝過打電玩的欲望，那麼人們首先該做的事情是，思考是否有辦法讓年輕人為好工作做足準備——同時也確保，當這些年輕人出社會的時候，就業市場上有好的工作機會存在。

75 機器人整天都在做什麼？

你大概從沒聽過發那科（FANUC）這間公司，它是世界上最大的工業機器人製造商。在你擁有的產品當中，很可能就有由發那科的四十萬台機器人之一所打造。這間日本公司成立於1956年，所供應的機器人打造過福特、特斯拉汽車，以及蘋果iPhone的金屬機殼。

該公司有別於競爭業者之處在於，它們嗖嗖作響的機械手臂顏色獨樹一幟，全部漆成亮黃色。發那科的工廠、辦公室和員工制服也都採用同樣的色彩。

發那科位居蓬勃發展的機器人市場前端，而這個市場絲毫沒有慢下腳步的跡象。根據國際機器人聯合會（International Federation of Robotics）的數據，2015年，工業機器人的單位銷售量成長了15%，營收增加9%，達到一百一十億美元。2016年，北美洲的營收則上升了14%，來到十八億美元。顧問公司ABI Research表示，到了2025年，機器人產業的營業額將會成長至目前的三倍。

關於機器人的常見說法是，它們正偷走人類的工作。美國全國經濟研究所（National Bureau of Economic Research）發表的一篇論文大致支持這項看法，該論文估計，在美國的經濟體當中，每增加一台機器人，同時也會減少五·六人的就業機會。然而，自動化與就業之間的關係並不一定如此直接。機器人的一大趨勢是「協作機器人」的成長，這些是比較小、適應性較強的機器，其設計目標是要和人一同工作，藉此增加人類的生產力。巴克萊認為，在2016至2020年之間，這類機器的銷售量將增加超過十倍。

在高工資國家裡，機器人對某些製造業者算是經濟實惠的選擇，能讓他們將生產線從貧窮國家「回流」。2017年，運動用品公司愛迪達開始在德國工廠生產慢跑鞋，該工廠的成員包括機器人與一百六十位新進員工。

發那科並非將自身的領導地位視為理所當然，這間公司正戮力開發更具智慧、更能客製化的機器人，並且大幅投資於人工智慧領域。發那科努力因應快速演進的機器人產業，這點連他們對色彩的新態度都展現出來：當發那科發表第一台協作機器人CR-35iA時，原本宛如商標般的亮黃色已由綠色取而代之。

機器人生

全球工業機器人

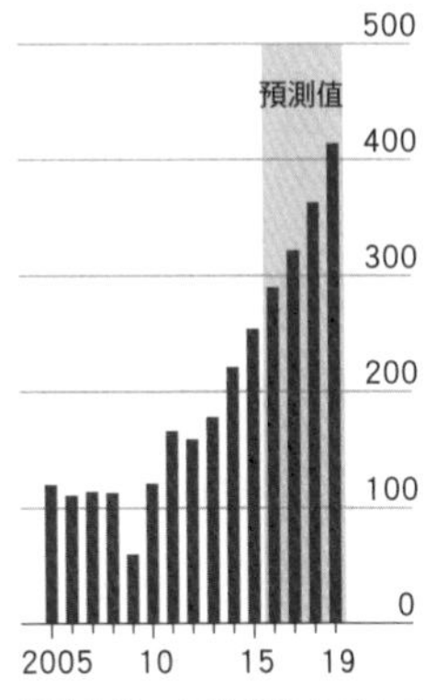

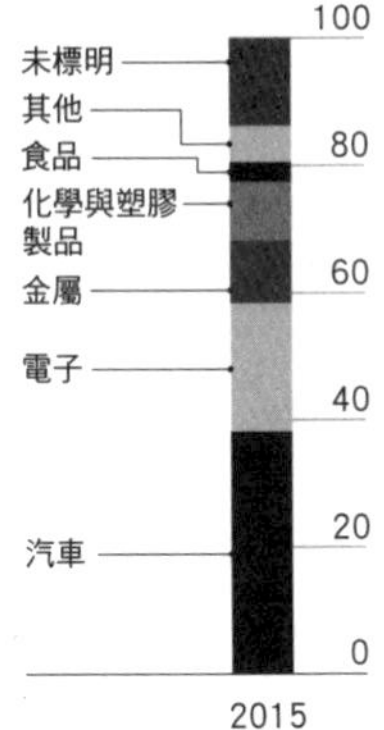

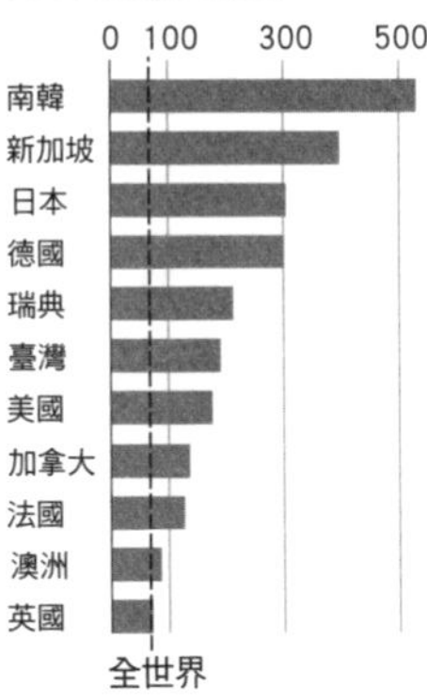

資料來源：國際機器人聯合會

76 為什麼和早先的無線科技相比，5G可能同時比較快又比較慢？

「更快、更高、更強」，這是奧林匹克運動會的格言。2018年的南韓平昌冬季奧運會上，第五代無線科技（簡稱為5G）進行了首次的展示。一旦發展完成，5G預計能提供的下載速度至少為每秒鐘20Gb（4G在最佳情況下只有大約一半），而反應時間（又稱latency，「潛時」）低於毫秒等級。這意味著，5G網路將能夠在兩秒之內傳輸一部高畫質電影；而在回應方面，只需花比眨眼的百分之一還要短的時間。

此外，5G並非只是更快、更寬頻的無線通訊而已。這項科技也可能促成各式各樣的新服務，其中之一是即時的虛擬實境、擴增實境串流。舉例來說，在奧運會上，許多選手身後都有三百六十度的攝影機追蹤。運動迷可以在特殊場館裡戴上虛擬實境眼鏡，讓自己化身為競賽選手。此外，5G也足以扮演物聯網的結締組織，據此連結一切物件，包括智慧型手機、無線感測器、工業機器人以及無人自駕車等等。物聯網的實現將透過一種名為「網路切片」的技術，該技術能讓營運商創造出量身打造的網路，使每一組裝置皆恰好獲得本身所需的網路連結，以此完成特定的工作。

即便5G功能繁多，目前仍不清楚5G的起飛能多快速，最大的障礙會是經濟面。2017年，全球行動通訊系統協會（GSMA）詢問七百五十位電信公司老闆以下問題：「實現5G最顯著的障礙為何？」其中有超過半數的人指出，目前仍缺乏清楚的商業效益論證。用戶可能永遠都想要更多頻寬，卻不願為此多付太多錢——即便是擁有最華麗的虛擬實境應用程式，這樣的態度大概也不會改變。而且打造5G網路不便宜，由於5G網路仰賴的是相對高頻的無線電，因此會需要較多的天線、基地台與光纖線路。

雖然5G的數據傳輸更快速，但5G科技將會以緩慢的速度到來。分析人士預期，和前一代無線科技相比，網路營運商推出5G的速度會較為徐緩漸進，而且只會在具有商業效益的地方推出。一開始，有些業者會先使用5G科技提供超快速的「固定式」無線網路，讓固定式天線彼此連結，這項任務也較容易達成。其他業者或許會藉由5G，讓自己更加充分利用既有的頻譜。不過也會有業者著重打造5G網路，服務人口密集的都會地區。

換句話說，5G的發展路徑大概會類似當年的3G。3G是在2000年代早期問世，一開始相當不起眼，直到出現了「殺手級應用」情勢才有所改變，也就是2000年代晚期的智慧型手機。而一直要等到4G時代，行動網路才實現了當年3G的願景，比方可以觀賞影片串流等等。如果要真的享受到5G所承諾的種種效益，民眾可能得翹首盼望6G了。

77 為什麼在撒哈拉沙漠以南的非洲，手機比電力更普及？

十年之前，手機開始在非洲散播開來；十年後的今天，手機已經變得無所不在，即便是在非洲最窮困的國度也不例外。2016年，在撒哈拉沙漠以南的非洲，有40%的人口持有手機，手機在非洲的快速普及出乎所有人的意料。在大多數的非洲國家裡，僅有不到一半的人口有電可用；在三分之一的這些國家中，有電可用的人口甚至不到四分之一。然而在非洲大部分地區，持有手機的人數都超過了有電可用的人口，不過他們也得走上好幾英里的路，才能收到手機訊號，或是讓手機電池能夠充電。

手機改變了數億人口的生活。對這些人而言，手機是連結外在世界的第一次機會，往往也是唯一的方式。手機讓貧窮國家的蛙跳式進展成為可能，大大超越了有線電話時代。藉由行動支付服務，民眾可以透過手機直接移轉現金，形同打造了個人銀行帳戶，而這個帳戶還可以放口袋裡隨身攜帶。根據一項估計，在2008至2014年期間，單是M-Pesa的行動支付系統就讓2%的肯亞家庭脫貧。科技無法解決非洲所有的問題，但是對其中一些問題能夠帶來助益。

電力與手機使用現況

資料來源：國際能源總署（IEA）；全球行動通訊系統協會（GSMA）

78 為什麼自駕車多半會是共享車，而非私有車？

什麼時候你可以買一台無人駕駛車，並且想去哪裡都行呢？這個常見的問題包含了三點假設：自動駕駛車長得就像一般汽車；民眾會去買自駕車；自駕車能在所有的道路上、所有的條件下運行。但這三點假設都不盡然正確。

現今的實驗車都還是一般汽車的改良版，車上仍配備方向盤，而且方向盤會以詭異的方式自行轉動。但是未來的自駕車將不再有方向盤或踏板，形狀與尺寸也將千變萬化、各式各樣。最有效率的設計可能會是莢艙形狀，能夠容納六至八人。這些車輛並不會四處暢行無阻，剛開始的營運將僅限於劃定好、地圖完整的都會地區。此外，它們將會是共享的「機器人計程車」，需要時才透過應用程式呼叫。未來，你所搭乘的第一台自駕車將會是共享車，而不是私有車，其原因集結了若干科技與經濟的面向。

車輛自駕所需的科技目前還未臻完善，但是過去十年已經有了長足進展，現在就快要能夠可靠運行——至少在天氣好、環境單純的都會區。這點正說明了，為何美國亞利桑那州的鳳凰城是測試自駕車的熱門地點。2018年底前，谷歌母公司的自駕車子公司Waymo就希望以克萊斯勒的Chrysler

Pacifica休旅車為基礎，在鳳凰城推出機器人計程車服務。未來幾年，機器人計程車服務也會在其他城市陸續問世，而且覆蓋的地區會逐漸擴大。

初期將自駕車作為機器人計程車相當合理，這些車輛只需在特定區域內運行。另一點原因在於，目前一台全自駕車如果要能感測周遭環境、判斷即時反應，感測器的造價會比車輛本身還貴。不過對於共享的機器人計程車來說，昂貴這點比較不成問題，因為車輛一天將有好幾個小時都在運行、創造收入。（相反地，私有車平均只有5%的時間被使用。）

由於經濟考量與實用性，自駕車勢必會以共享機器人計程車的形式起步。也許在2030年左右，感測器的成本會下降，自駕車終於不再貴不可攀。屆時的問題在於，你會不會想買一台。對城市居民而言，與私有車相比，機器人計程車提供了一個便宜、方便許多的選擇。

目前使用優步（Uber）或其他叫車服務的成本，大約每英里二・五美元；但根據瑞銀（UBS）分析師計算，如果少了司機，那麼成本可以降至每英里〇・七美元。這個數字低於每英里一・二美元，亦即開私有車的平均成本（包含燃料、保險、相關服務和其他費用）。當機器人計程車真能像廣告宣傳的開始運作，那麼許多都市人都可以不買車，每年就能省下幾千美元了。瑞銀預測，到2035年，在擁有機器人計程車的城市裡，80%的人會使用機器人計程車，而都會區的汽車私有率將減少70%。

毫無疑問，有些人還是希望自己擁有車，仍會購買自駕車，但是瑞銀估計，屆時路上的汽車數量將比現在減少一半左右。到2050年，路上的車輛約有一半會是機器人計程車，另一半則是私人擁有的自駕車。由於機器人計程車可持續運行，將涵蓋絕大部分的行車里程；由於需要停車的私有車變少了，先前闢出的大片停車場地將能轉作其他用途，比方住房。就像二十世紀的汽車一樣，自駕車將重新定義零售產業、重新形塑城市，同時提供新穎且便利的移動型態。

汽車帶來了車禍死傷、污染與交通壅塞等問題，就自駕車而言，未來勢必也會有預期之外（且是負面）的社會影響，例如隱私的喪失，以及可能成為社會控制的手段等等。當年人類將馬匹從馬車移除，這個簡單的改變後續引發了深遠的影響。同理，自駕車遠遠不僅止於不再需要司機——由於自駕車多半會是共享車、而非私有車，因此許多的影響也將基於這點而浮現。

79 叫車應用程式如何減少酒駕？

美國的槍枝暴力問題獲得許多關注，但其實汽車致死的人數更多。每年在美國，約有四萬人死於道路事故，這數字超過了所有由槍枝導致的死亡人數（其中有三分之二是自殺、不是他殺）。在美國，車禍意外的死亡率是每十萬人中有十二人左右，這比西歐的死亡率乘以二都還要高。許多人認為，如此高的車禍死亡人數實在難以避免，因為美國幅員遼闊，開車是最方便的交通方式。但在這些死亡事件當中，有三分之一涉及了酒駕，這意味著其實還有顯著的進步空間。的確，隨著優步（Uber）、來福車（Lyft）這些叫車應用程式的出現，對於道路安全似乎產生了正面影響。

根據紐約市立大學研究生中心（Graduate Centre at the City University of New York）潔西卡・琳・佩克（Jessica Lynn Peck）的一份工作論文，優步在紐約市推出後，飲酒相關的交通意外也隨之減少了25%至35%，因為人們在夜晚狂歡之後會選擇叫車回家，不再自行駕車。2011年7月，優步首次進入紐約市，當時尚未擴展至該州其他地區。這份論文以此做為自然實驗。為了控制與優步不相關的因素（比方惡劣的天候），佩克檢視了紐約市五個行政區各自的事故率，並與優步尚未進軍的其他郡進行對照，最後為每個行政區挑選了人口密度最接近、2011年前酒駕率也最雷同的參照組。

率先使用優步的四個行政區分別是曼哈頓、布魯克林、皇后區與布朗克斯，而和參照的郡相比，這四個行政區的酒駕相關車禍都有減少。相反地，史泰登島行政區使用優步的時間較晚，並沒有出現上述的減少情形。當然，我們不該非得仰賴叫車應用程式來減少酒駕，但是任何的改善都值得讚揚。

叫車應用程式的助益

紐約市酒駕相關事故
各行政區事故數量與參照郡之間的差異*

資料來源：「優步出現之後，紐約市的酒駕情況」（New York City Drunk Driving After Uber），作者為潔西卡・琳・佩克，2017年

*三個月移動平均

80 什麼是擴增實境？

現今，大部分的人都聽說過虛擬實境（virtual reality，VR）。無論是谷歌、三星還是索尼，科技巨擘企業無不充滿期待，希望虛擬實境成為下一波消費電子產品的大熱門。不過目前而言，虛擬實境尚未成功走出專家為主的利基市場。虛擬實境還有個近親叫作擴增實境（augmented reality，AR），其知名度相對較低，然而許多人都認為，一旦擴增實境到來，屆時所造成的影響將遠勝過虛擬實境。究竟什麼是擴增實境呢？

首先必須瞭解的是，在虛擬實境、擴增實境兩項科技當中，「實境」所指涉的是兩種截然不同的意思。虛擬實境的目標是創造一個引人入勝、虛擬的實境：例如透過逼真的電腦技術模擬真實世界，讓使用者進行探索。擴增實境則是立足於「真實的」環境，利用電腦為真實世界增添一層實用、有趣的資訊。

擴增實境並非嶄新的點子，它的前身可以回溯至1950年代，當時的戰鬥機上已配備抬頭顯示器，能將空速、航向等資訊直接投射在駕駛艙的玻璃上。許多智慧型手機使用者擁有更進階的擴增實境體驗。通訊應用程式Snapchat最為人稱道的一點在於，它能將人臉相片進行修圖，為使用者加上兔耳、棒球帽和誇裝的鬍鬚等等。精靈寶可夢是一款熱門的智慧型手機遊戲，其使用的就是擴增實境技術，將虛擬生物疊加在真實世界上。谷歌翻譯應用程式的使用者可以將手機指向路標和菜單，就會目睹神奇的事情發生：文字從外語轉譯成自己的母語。

但是擴增實境的支持者想做的遠不止於此。他們的目標是開發「智慧眼鏡」，將3D影像投射在使用者的視野中，看起來與真實世界完美融合，目前進展最快的公司是微軟。微軟的HoloLens頭戴裝置是一台可以獨立運作的電腦，它會使用一系列感測器，打造出周遭世界的3D模型。接著，HoloLens便能從事各式各樣的任務，比方把一系列的Minecraft虛擬磚塊放在廚房桌上，或是創造出虛擬的大體，讓解剖學生能夠進行研究。

其他公司對擴增實境也同樣感興趣。Magic Leap是美國佛羅里達州一間新創公司，他們成功吸引了二十三億美元投資，希望發展類似的科技。2014年，臉書以二十億美元買下虛擬實境公司傲庫路思（Oculus），並表示他們的終極目標是要生產一款同時能達成虛擬實境和擴增實境的眼鏡。

目前來看，這些目標仍舊遙不可及。HoloLens雖然令人讚嘆，但這還只是這項科技初期的化身。未來幾年，我們可預見相關技術將快速精進，就像1980年代磚塊般的行動電話演進成智慧型手機一樣。擴增實境如果要以消費性科技的姿態起飛，那麼發想者需要解決的將不只是技術問題，社會因素也同樣重要。如果你正和人交談，一則訊息忽然跳進你的視線，這時該怎麼做才符合正確禮節呢？在餐桌前、會議當中，配戴智慧型眼鏡是否會被視為不禮貌的行為？

多數的科技分析師認為，擴增實境首先將會打入工作場合，因為在工作上社會風俗並不那麼重要。舉例來說，智慧眼鏡可以協助技術人員辨識出需要替換的零組件，或是幫助手術醫師在手術時看穿病人的身體內部。

虛擬實境讓你逃進一個不同的現實，但擴增實境用於真實世界，促進的效益也因此多出許多——當然也有可能為社會帶來出乎意料的後果。

81 為什麼我們還在等待太空電梯的到來？

過去數十年來，工程師與科幻小說家一直夢想實現太空電梯——這種電梯能將物體從地球表面送上太空軌道。1895年，俄國科學家康斯坦丁．齊奧爾科夫斯基（Konstantin Tsiolkovsky）首次提出了這個想法，起因是受到巴黎艾菲爾鐵塔的啟發。到1979年，亞瑟．克拉克（Arthur C. Clarke）撰寫了一本小說《天堂的噴泉》（The Fountains of Paradise），內容正是關於建造太空電梯。

多虧了SpaceX和其他民營太空飛行公司，這幾年發射火箭的價格已經有所下降。若以當今最強大的獵鷹重型運載火箭（Falcon Heavy）來看，每一次發射的成本大約為九千萬美元。然而，如果是利用一台大型電梯，將人造衛星、太空探測器或甚至是人類送上太空軌道，和火箭發射比起來可能相較便宜、可靠，也更舒適安穩——前提是如果能打造出來。不幸的是，技術上的挑戰相當艱鉅。

太空電梯的基本概念為，從地球赤道上的一點出發，拉一條固定的纜線，直接連結上端、位於地球靜止軌道的太空站（也就是海拔三萬六千公里）。這個高度上的物體每天會繞地球一圈，因此有個優點，就是從地球表面看來彷彿懸浮在固定一點上。接著，載體就能沿著纜線上上下下。這些載體上升時需要動力，下降時只須利用地心引力協助。這些載體必須夠大才有辦法載人，就算移動速度達到每小時五百公里，單向旅程也需要三天的時間。即便是在地球表面，蓋一條三萬六千公里長的高鐵已經夠困難了，要打造一條垂直通往外太空的電梯只會更加艱鉅。

目前太空電機主要的障礙在於，沒有任何已知的材料能結合輕巧與強韌的優點，這卻是纜線必備的特性，如此才能支撐本身的重量。人們常宣稱碳奈米管是可能的選項，但碳奈米管只具備了所需強度重量比的十分之一左右，而且無法製成超過幾公分長的線狀物，更遑論幾千公里。鑽石奈米絲線是碳的另一種奇異形態，或許會比較強韌，但目前對它的性質仍有許多不夠清楚的地方。

即便有辦法找到合適的材料，纜線在大氣層以內的部分仍舊得承受天氣的變化擾動。此外，由於載體上上下下移動，可能導致危險的震盪。將纜線固定在海上的移動平台或許有所幫助，但要維持纜線穩定依舊是一大難題。另外還有相撞的疑慮：在海拔兩千公里以上的高度起，環地球軌道上就遍布著成千上萬顆人造衛星與其他物件，任何與纜線的撞擊都可能引發災難性浩劫。

太空電梯的忠實支持者仍舊持續想方設法，試圖解決這些問題，然而問題或許無法克服。儘管如此，太空電梯的點子依舊屹立不搖，原因可能在於這個想法的優雅與簡易性。或許夢想終能實現，只是不會是在地球上。如果是在月球表面與月球軌道之間打造太空電梯（藉此運送造訪的遊客，或者是月球上採集的物質），難度將會大幅降低，因為月球的重力較小，也沒有大氣層存在。然而，如果是希望搭乘太空電梯、從地球通往太空軌道，那麼等待成真的時間將會相當漫長了。

82 天文學家是怎麼發現第一顆星際小行星？

2017年10月19日，夏威夷大學的羅布·威瑞克（Rob Weryk）看到了一件奇特的事情。在夏威夷哈萊亞卡拉火山（Haleakala）、泛星計劃（Pan-STARRS）一號望遠鏡輸出的圖像裡，羅布·威瑞克發現了一顆移動異常快速的模糊星體，他的結論是，該星體並非源自地球所屬的太陽系。

該星體的移動速度超過每秒二十五公里，速度太快，因此它不可能擁有一個環太陽的橢圓形、封閉式軌道。此外，該星體的快速也並非與其他行星交會、受額外重力牽引使然，因為星體來自的方向遠高於黃道面，也就是遠高於所有太陽系的行星軌道一帶。的確，在太陽附近一盪之後，該星體便從地球下方兩千五百萬公里處經過，接著再加速重回黃道面之上。其他望遠鏡的觀察進一步確認了，威瑞克看到的星體是在太陽系當中第一顆由天文學家發現的系外星體。

這顆星體原本被歸類為彗星，因此被稱作C/2017 U1（這裡的「C」就是英文裡彗星「comet」的字首）。然而當彗星接近太陽時，冰冷的岩塊通常會生成一條由氣體、塵埃構成的彗尾，但是C/2017 U1卻沒有這條彗尾。除此之外，C/2017 U1所反射的陽光顯示，這顆星體的表面呈紅色，而且多為岩石，因此這顆星體被重新歸類為小行星，名稱改成了A/2017 U1。後來，當確認它來自星際之後，星體又被重新命名為1I/2017 U1。這顆星體也有了專屬的名字：奧陌陌（'Oumuamua），在夏威夷語當中是「偵查使」的意思（因此中文亦翻作「斥侯星」）。

根據亮度測量研判，奧陌陌是一顆雪茄形狀的星體，大約兩百三十公尺長、三十五公尺寬，移動時不停翻滾。奧陌陌的岩石特性令人困惑。彗星是形成於遙遠、冰冷的太陽系邊陲，小行星則存在於這類行星系統的內部，在這裡，任何如同彗星般的揮發物都會因恆星的熱能而消散。行星的形成模型顯示，星際星體比較有可能是彗星，因為和小行星比較起來，彗星相對容易脫離自己的軌道。

一種可能的解釋為，在過去數千年裡，當1I/2017 U1在星際間移動時，宇宙射線可能改變了冰冷、揮發性的化學物質，這些物質可能從彗星上頭流下，形成較穩定的化合物。另一種解釋是，太陽並非1I/2017 U1第一個靠近的恆星，因此早先與其他恆星相會時，其上的揮發物質便已蒸發。又或者還有一種可能，就是星體本身原就只是岩石——它也許曾經繞著自己的母星運轉，類似太陽系的主小行星帶，後來才被像木星般的行星推擠出來。

那麼，為什麼類似1I/2017 U1的星體之前從未被看見呢？行星的形成理論指出，像這樣的星體應該相當常見才是。也許理論並不正確，又或者這些星際訪客以往都遭忽視，而從現在開始，1I/2017 U1將啟動未來接二連三類似的發現。不幸的是，對天文學家而言，1I/2017 U1能被看見的時間不夠長久，不足以讓前述的疑問獲得明確解答。

1I/2017 U1現在正遠離太陽系，朝飛馬座的方向前進——速度是每秒四十四公里。由於1I/2017 U1的軌跡計算存在著少量不確定性，因此它究竟從哪裡來、往哪裡去仍是個謎。不過1I/2017 U1身為星際小行星這點則毫無疑問。

83 為什麼無人機對飛機的威脅可能大於鳥類？

2009年，美國全美航空公司一架噴射客機遭到一群黑雁鳥擊，最後成功迫降在紐約哈德遜河上。這個「哈德遜河上的奇蹟」事件，教導了飛機常客兩件事情。首先，將飛機降落在水面上真的有可能發生，就像座椅背後安全須知卡呈現的一樣（至少對小型、窄體的飛機而言）。第二點，也是更令人擔心的，這起事件顯示了鳥類可能對飛機造成多大的危險，尤其當牠被吸入引擎時。理論上，飛機引擎的設計應該能承受鳥擊。自1950年代以來，人們就利用大型槍枝向飛機引擎發射雞隻，以進行安全測試。到了近期，又衍生出另一點疑問。如果鳥類如此危險，那無人機呢？

新近研究指出，即便重量相近，如果衝擊的速度相同，小型無人機造成的破壞比鳥類還大。這份研究是由無人機系統安全聯盟（Alliance for System Safety of Unmanned Aerial Systems）和Research Excellence智庫所共同發表，他們透過電腦模擬出超過一百八十種情境，檢視鳥類和無人機撞擊飛機時的影響。研究人員發現，由於無人機的材質剛硬且密度高，包括了金屬、塑膠和鋰電池，和鳥類濕軟的身體比起來，無人機可能對飛機帶來嚴重許多的風險。

奇蘭·德蘇薩（Kiran D'souza）是其中一位研究者，他表示在與無人機相撞的所有情境中，飛機都至少會有些微的破壞，有時是嚴重許多。在其中一個案例裡，研究人員發現當無人機撞擊到飛機引擎的風機葉片，此時風機葉片若正全速運轉，葉片可能因此破碎，導致引擎故障。

這些發現相當令人憂心，因為過去兩年裡，飛行員目擊無人機的次數大幅增加。根據美國聯邦航空總署（Federal Aviation Administration，FAA）的數據，每個月大約會有一百起無人機可能對飛機造成威脅的案例。在北美洲已經發生了兩起相撞事件。2017年9月，一台無人機在紐約史泰登島附近與一架直升機相撞；一個月之後，另一台無人機又在魁北克市撞上一架飛機。兩架飛機最後都安全降落，但依據當地現行法規，這兩台無人機根本不該飛至現場。

在美國，無人機必須在操作者的視線範圍之內，然而上述直升機事件中的無人機早已超出；此外，美國無人機的飛行只能低於四百英尺，還得禮讓有人駕駛的飛機。在加拿大，無人機不許飛行高於三百英尺，而機場、直升機停機坪以及水上飛機基地都被列為「無人機禁區」。2010年以來，歐洲也發生了至少三起飛機與無人機相撞事件，人們也持續進行研究，檢視這類事件的危險。

由於許多無人機主人藐視相關法規，有些專家認為目前未發生嚴重的相撞事件只是運氣好。美國聯邦航空總署表示，他們正著手制定新法規，以降低無人機對飛機造成的威脅。引擎也需要符合新的安全標準，才更能抵抗這些不明飛行物所造成的衝擊。除此之外，在現行法規當中，無人機哪裡可以飛行、哪裡不能飛行也應該更嚴格執行。美國聯邦航空總署同時也聚焦無人機製造商與使用者，藉此開發出偵測、迴避科技，防止無人機彼此相撞，也避免無人機撞上有人駕駛的飛機。

全球每天都有數百萬人利用空中交通旅行，為了讓乘客更加安全，無論是飛機還是無人機都必須付出努力。

84 垃圾郵件到底是想做什麼？

根據網路上傳說，史上第一封垃圾郵件是在1978年寄出，收件者大約有四百人。寄件者受到譴責，被要求下次不可再犯。可惜好景不常，時至今日，這類錯字連篇的電郵已經不計其數，有的保證能消除皺紋、增大陰莖、降低脂肪，有的承諾提供一筆無人認領、數百萬元的海外財富。任何人只要有電子郵件帳戶，上述情況幾乎都難以倖免。另外有一些電郵是為了收集使用者名稱與密碼，或者內含詐欺連結、連往惡意軟體，其目的是要掌控使用者的電腦。根據網路安全公司SecureList估計，大約有60％電郵都是垃圾郵件。但是為什麼呢？這些雪片般飛來的垃圾郵件到底是想做什麼？

一言以蔽之，就是為了錢。垃圾郵件等同於數位版的紙本垃圾信件。企業之所以寄出這些紙本信件，是因為他們認為這麼做可以提升業務。由於網際網路降低了通訊成本，也大大強化了此類商業模式。實體世界裡，如果收到紙本垃圾信件的一千人當中，只要有一個人認為他需要購買雙層玻璃，或者訂一份油膩的披薩，這些紙本垃圾信件說不定就能帶來獲利。

寄出電子郵件的成本遠低於紙本信件。只要有一份電子信箱清單，再加上一套相關軟體，一小時就能寄出上千份郵件。又因網路使用者並非以電子郵件的數量為付費基礎，每一封電郵的邊際成本基本上為零。這一切意味著，即便在一百萬人當中只有一個人受騙上當，可能買了什麼可疑的藥丸，或點擊了暴露信用卡資料的連結，主事者獲得的收入仍舊遠高於付出的成本。

此外，網路提供了匿名性，讓垃圾郵件的寄送者能夠隱藏身分，這也使得電郵被用來做明顯的犯罪行為。釣魚郵件會嘗試要求使用者輸入機密資訊，例如將銀行密碼輸入假冒（但逼真）的網站。這樣的郵件非常有利可圖，因為主事者收集到資料後，便能洗劫銀行帳戶，或者拿竊取到的信用卡資訊大肆消費。惡意附件有可能攻擊使用者的裝置，比方將裝置納入「殭屍網路」當中——殭屍網路中存在眾多這樣遭受侵佔的裝置，它們可能被主事者租賃給其他人，做為攻擊網站、迫使網站下線之用。除此之外還有「勒索程式」，這種惡意程式會將受害者電腦中的所有檔案加密，再發布指示，要求受害者支付贖金才將檔案解密。

這一切之所以成為可能，原因在於垃圾郵件的寄送者之間，時常有大筆的電子信箱清單彼此進行買賣、交易。這些清單來源包括了洩漏、駭客行為和臆測，或是從可疑網站的使用者處收集，再進一步販售。

逮捕行動並非前所未見（奈及利亞有一位惡名昭彰的垃

圾郵件寄送者，據聞他是數千起網路詐騙案的背後主謀，獲利超過六千萬美元，他於2016年8月被逮捕）。然而逮捕行動並不常發生，無法有效遏止這類活動。微軟、谷歌等電腦公司別無選擇，被迫與這些垃圾郵件寄送者展開武器競賽。1990年代起，垃圾郵件過濾器開始出現，因為當時網際網路正成為主流、越來越受歡迎。垃圾郵件寄送者於是調整戰術，藉此迴避這些過濾器（這正是為什麼，垃圾郵件總是充斥著刻意拼錯、寫錯的字，比方將英文的威而鋼「viagra」寫成「v1agr*」）。

目前而言，科技公司仍然具有優勢：人工智慧過濾器能透過訓練，辨識出垃圾郵件的特徵，並將這些郵件送進垃圾郵件匣裡。如果要訓練這些過濾器，就必須提供許多近期的垃圾郵件樣本，好讓過濾器能夠有效練習——由於垃圾郵件供應無虞，至少這點不會是問題。

85 為什麼警察應該配戴隨身攝影機？

警察對民眾開槍的錄影片段，很遺憾在近幾年越來越常見。隨著智慧型手機普及，現在任何人都能紀錄下警察的舉動。2016年9月，基思・拉蒙特・斯考特（Keith Lamont Scott）遭到槍殺的影片引發了美國北卡羅萊納州的暴力抗爭。該影片之所以駭人還有另一項原因——這段影片來自於警方本身。現今，警察在制服上配戴攝影機是越來越常見。有越來越多證據顯示，這些攝影裝置能改善警察與民眾兩方的行為舉止。

2016年，劍橋大學與智庫蘭德歐洲（RAND Europe）的研究員發表了一份研究，內容指出隨身攝影機能大幅減少民眾對警察的投訴。在為期一年的研究裡，共有大約兩千名警察根據輪班時間，隨機配戴了隨身攝影機，這些警察分別來自美國的兩支警察部隊與英國的四支警察部隊。和前一年相比，配戴攝影機的警察遭投訴的次數減少了93%。在試驗期間，當警察未配戴攝影機時，遭投訴的次數也同樣有所減少，研究者稱這種效果為「具傳染性的問責」。

巴拉克・艾瑞爾（Barak Ariel）是劍橋大學其中一位研究員，他表示有些警察雖然配戴攝影機，但是只在與民眾互動時的中途才開始錄影，這些警察動用武力的機率反而比未配戴攝影機的警察高。因此如果要發揮最佳效果，那麼在開啟、關閉攝影機的時間點方面，應該要極力減少給警察人員自行決定的彈性空間。

公民自由倡議者歡迎這種監督警察的作法。許多警察部隊也同樣支持，因為處理投訴的成本相當昂貴。攝影機也同樣改善了民眾的言行舉止，減少了針對警察的不實投訴。隨身攝影機同時是有效率的證據收集方法。此外，隨身攝影機也能應用在訓練上：警員能學習同袍所採取的行動。艾瑞爾表示，和美國警察比起來，英國警方對於攝影裝置抱持更開放的態度。波士頓和辛辛那提的警察工會指出，隨身攝影機不應現在就上路，必須先修改警察的工作契約，使其能反映攝影機所必然帶來的新工作條件。

不過攝影機的使用也引發了新挑戰。如果警察錄下了所有與民眾的互動，那麼警方就必須想方設法，儲存下無數小時的影片。問題來了：這些影像應該保存多久？在什麼情況之下，影片應該公諸於世呢？這些疑慮並非微不足道的考量，不過有越來越多證據顯示，這些攝影機帶來的助益仍舊勝過其缺點。

86 為什麼科技巨頭紛紛在鋪設自家的海底纜線？

2017年9月，微軟與臉書宣布完成一條海底纜線的鋪設。這條纜線長六千六百公里（四千一百英里），起點是美國維吉尼亞州的維吉尼亞海灘（Virginia Beach），終點在西班牙的畢爾包。這條纜線名為瑪瑞亞（Marea），在西班牙文裡是「潮汐」的意思，其中包含了八條光纖線路，整條纜線的直徑跟院子裡的水管一樣。這是橫跨大西洋最高容量的連線，每秒能傳輸一百六十兆位元的數據，相當於五千部以上的高畫質電影。

如此超快速的光纖網路確實有其必要，有它才趕得上世界各地流轉的龐大數據。2016年，國際頻寬的使用已達到每秒三千五百四十四兆位元（3544Tb），大約是2014年的兩倍之多。以往，谷歌、臉書和微軟等公司的所有國際頻寬都是租借而來，承租者為英國電信（BT）或AT&T等電信公司。如今，由於這些公司需要龐大的網路容量，藉此同步世界各地數據中心網絡上的資料，因此鋪設自家的專屬纜線便成了更合理的作法。

這促成了新海底纜線系統的蓬勃發展。產業機構海底電信論壇（Submarine Telecoms Forum）指出，在2016年裡，就有十萬公里的海底纜線完成鋪設，2015年只有一萬六千公里。市場研究公司TeleGeography表示，2016至2018年期間，有九十二億美元投入這類的纜線專案，這個數字是上一個三年的五倍之多。

下探深海

已經啟用和正在規劃的海底纜線系統，擁有*者為：
2017年10月

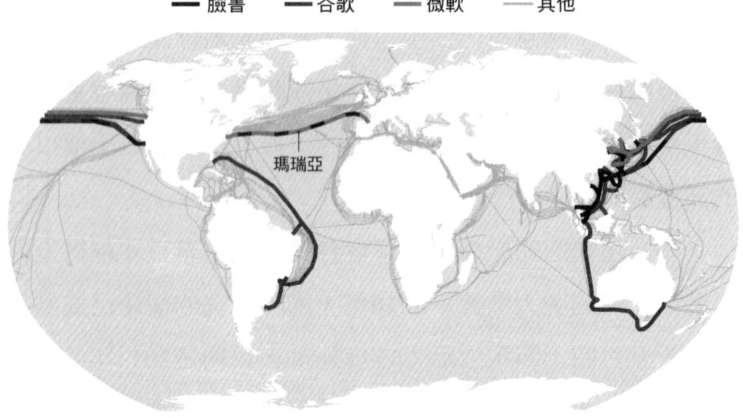

資料來源：TeleGeography

*包括完全擁有或部分擁有

PART EIGHT

比賽的理論：
運動與休閒的常識

Q 網球選手為什麼要吼叫？

（1）大力出奇蹟，吼叫有助於施力
（2）意圖蓋掉擊球時的聲音
（3）為了釋放緊張情緒
（4）以叫聲建立自己的擊球節奏

——答案詳見P.246

Q 博彩公司如何處理贏彩的客戶？

（1）乖乖付錢，願賭服輸
（2）關閉客戶帳戶或調降投注額
（3）找私家偵探調查異常贏彩的客戶
（4）設計複雜的演算法來抓出職業賭客

——答案詳見P.264

87 網球選手為什麼要吼叫？

在頂尖網球界裡，吼叫（grunt）如今已屬稀鬆平常的行為，就像拿下一盤時要握拳振臂自我激勵、出差錯時要往教練的方向爆粗口一樣。「吼叫」這個詞其實過於狹隘。當今職業網球選手發出的叫聲有千百種，有的像受傷時的怒吼，有的則彷彿發狂似的尖叫。從前的球賽只有安靜的你來我往，期間穿插著球拍擊中網球的清脆響聲，但這樣的日子早已不復存在。在板球當中，球員會透過話術干擾敵方的專注力；在棒球裡，選手在漂亮的打擊之後會將球棒拋向空中。有些選手與觀眾將這些視為球賽的惡習，網球中的吼叫也不例外。

這三種惡習都已存在數十年。早期的網球界裡，最知名的吼叫者是吉米·康諾斯（Jimmy Connors）和約翰·馬克安諾（John McEnroe）。他們是1970和1980年代的兩位球星，完全不是以球場上的彬彬有禮著稱，而是以誇張、賣弄式的叫聲聞名。依他們自己的說法是：在特別費勁的你來我往當中，呼吸會變得格外用力。

莫妮卡·莎莉絲（Monica Seles）則更進一步，1990年代，她開啟了每擊球一次就尖叫一聲的作法，顯然無關用力與否。莫妮卡・莎莉絲的教練是尼克・波利泰尼（Nick Bollettieri），這位美國教練還有其他幾位成功且習慣吼叫的門徒，包括安德烈・阿格西（Andre Agassi）、威廉絲（Williams）姐妹以及瑪麗亞・莎拉波娃（Maria Sharapova）。波利泰尼宣稱，吼叫是一種「有效釋出能量」的戰術。

莎拉波娃的吶喊音量時而超過一百分貝，簡單來說，這幾乎如同電鋸或直升機般大聲。拉斐爾・納達爾（Rafael Nadal）是另一位慣於吼叫的球星，這讓對手羅傑・費德勒（Roger Federer）為之氣結。不過即便是「史上最強」（GOAT，這是球迷為費德勒取的封號），費德勒在情急時也同樣會吼個幾聲。

研究顯示，吼叫的確能帶給網球選手明確的優勢。有兩份針對大學球員的研究發現，當球員吼叫時，他們發球和擊球的速度可以提高4%至5%。這兩篇論文的作者皆指出，類似的效益也會出現在發出叫聲的舉重和武術選手身上。最有可能的原因在於，透過吼叫，運動員的核心肌群會產生額外的張力。

吼叫的音頻似乎也有關聯。有一項分析研究了五十場競賽，競賽中包含了世界排名前三十位的某些選手。該分析顯示，在這些男性球員輸掉的比賽裡，他們吼叫的音頻比贏球的比賽高出半音。此外，在比賽的初始，選手吼叫的音頻明顯與比賽後段不同。然而，我們並不清楚這樣的變化究竟是表現不佳的原因還是後果。

如果運動員有意進一步釋放內心的吶喊，那麼也該瞭解這些叫聲對敵手的影響。有一項實驗要求受試者觀看影片，並猜測影片中網球打擊的方向。該實驗發現，當接收到突發性的雜訊噪音時，受試者的反應時間也會受到阻礙。這種情況之下，受試者需要額外的三十毫秒才能判讀出擊球的方向，通常球已經差了兩英尺距離。這些受試者都只是業餘網球員，但職業選手或許更加仰賴擊球的聲音，因為他們能利用聲音猜測網球的旋轉狀態。

吼叫的效益擁有這麼多具說服力的證據，贏得網球比賽的好處又如此可觀——大滿貫的總獎金通常高達四千萬至五千萬美元——所以任何靜悄悄的網球賽才該是不尋常的事。管制過分吼叫的行為似乎不太可能。早先曾有傳言指出，未來球場上將配備「吼叫測量儀」，藉此制定最高音量限制，但是五年前這項謠傳早已不了了之。如果一位球員對敵手造成了「蓄意干擾」，那麼裁判有權將得分判給對方，但這在實務上鮮少發生。

「請保持安靜」是裁判最愛使用的指示，但僅適用於觀眾。看來在可預見的未來裡，網球迷仍得繼續承受這些不得體的叫喊了。

88 為什麼桌遊在奈及利亞大受歡迎？

說到拼字塗鴉（Scrabble）這款遊戲，奈及利亞人可謂所向披靡。2017年11月，奈及利亞團隊在奈洛比再度榮獲世界冠軍。和其他國家相比，奈及利亞擁有全球最多的排名前一百位選手。然而，在這個非洲人口最多的國家裡，桌上遊戲的影響力遠不僅止於這些世界級的拼字塗鴉高手。奈及利亞各地都玩桌遊，其中包括一些本土遊戲，比方ayo——遊戲過程中需要利用遊戲板或小石子（類似美國的播棋〔mancala〕）——另外也有西洋棋和大富翁。

要計算有多少奈及利亞人玩桌遊是不太可能，但毫無疑問的是，在教育程度較高的南部，桌遊也相對受到歡迎。安東尼·伊科洛（Anthony Ikolo）王子是奈及利亞拼字塗鴉國家隊的教練，據他估計，在奈及利亞全國各地，共有超過一百個拼字塗鴉俱樂部，旗下有四千名拼字塗鴉玩家；相較之下，即便是美國加上加拿大，在一百五十二個俱樂部當中只有大約兩千至兩千五百名成員。

在尼日河三角洲一帶的各州與拉哥斯市裡，聚集了奈及利亞的許多拼字塗鴉冠軍。威靈頓·吉格希爾（Wellington Jighere）是2015年世界冠軍，來自石油產量豐富的瓦里

（Warri），這地方也特別以誕生許多位世界級的拼字塗鴉選手著稱。

在全國聯賽當中，競賽獎金往往高達一萬美元。奈國的知名學府都有西洋棋和拼字塗鴉校隊，此外還有大學錦標賽。拉哥斯是奈及利亞蓬勃發展的商業重鎮，2012年也擁有以自身為主題的大富翁遊戲板。2016年，這款房地產遊戲正式成為拉哥斯州的官方運動；同年九月，有超過一千兩百位學生參與競賽，角逐首獎六十萬奈拉（相當於一千七百美元）的獎學金。競賽過程中，眾參賽者還打破了玩大富翁學生人數最多的世界紀錄。

桌遊主要是中產階級的休閒活動，但在教育程度較低的人口當中，英國十字戲（Ludo）、西洋跳棋和類似的遊戲也相當受歡迎。許多奈及利亞人都愛好競賽：這個國家有一句非官方的座右銘，意思大致可以翻譯成「奈及利亞人會賣力率先抵達終點。」因此，比較智性導向的人或許就會想在大富翁、拼字塗鴉裡挑戰他人，並且樂在其中。

許多奈及利亞人說，他們都是在長假與供電不穩定的夜晚鍛鍊出技巧，並且由家長帶著孩子玩，因為父母非常希望下一代能把時間花在「智力的培養」上頭，而不是遊手好閒。此外，桌遊也讓奈及利亞人有個目標集中心力，不再只關注日復一日的生活困擾、壓力（可能是塞在都市車陣中動彈不得、不得不取悅貪污腐敗的警察，或是湊足了錢好讓家裡的發電機能繼續運轉）。

在這個國家裡，有數百萬福音派基督徒信仰成功福音神學，財富在此又往往獲得崇拜，因此大富翁可以讓奈及利亞人暫時沉迷於自己的美好幻想當中。

89 無人機如何防範鯊魚，讓海灘保持安全？

澳洲的水域可謂全世界數一數二危險。且先不論水母、灣鱷所構成的威脅，若比較1990至2000年以及2005至2015年，每年鯊魚「無端」攻擊的平均數增加超過一倍，達到十五次之多。西澳大利亞州的一家公司提出一項頗具未來感的解決方案：這間鯊魚警報國際公司（Shark Alert International）在無人機上配備了軍用相機，能如X光般透視海面，再將警報傳到救生員、甚至衝浪客的手錶上。

一開始，這項科技是為了幫助美國偵察截然不同的敵人：俄羅斯潛艇。這款相機之所以能透視深海，原因在於它每秒會以數種不同的光頻拍攝影像。在加州的測試期間該公司表示，這項科技能以完全精準的方式，偵測到水下十五英尺（四點六公尺）的模擬鯊魚；在澳洲伯斯（Perth）一帶清澈的海水條件下，相機或許能進一步偵測到兩倍的深度。

一直以來，直升機與低空飛行機都會巡航遊客眾多的海灘，然而人工偵查的成本相當高昂，還經常成效不彰。並非所有鯊魚都靠近海面棲息，當鯊魚游近海面時，海水的波浪與反光也妨礙偵查。無人機則相對便宜，能持續盤旋在海灘上空，也已經在澳洲某些地區進行過測試。

新南威爾斯州是另一個鯊魚攻擊的熱點，當地研究人員同樣結合了無人機與鯊魚辨識軟體。無人機會將即時影像提供給系統，系統經過訓練，知道如何區分鯊魚、船隻和衝浪客，精準度遠高於人類的肉眼。接著，訊息可以傳遞給救生員與緊急服務中心，無人機上也配備擴音器，當偵測到鯊魚時便會大聲發布警報。

政治人物也信奉其他高科技解決方案，其中一項便是針對鼓線做調整。原本的鼓線會在浮標與海底之間懸掛餌鉤，以捕捉鯊魚、防止鯊魚游向海灘。有一些新版的餌鉤能發出警報，通知相關人員有鯊魚上鉤，好讓鯊魚能被做上標記，並且由拖船運往遠方的深海釋放。科學家於巴西北部使用了這款「智慧型」鼓線，鯊魚攻擊因而減少97%。

2017年4月，在一位年輕衝浪客死亡之後，西澳大利亞州的工黨政府資助了一千台可攜試嚇阻裝置，這款裝置名為鯊魚盾（Shark Shield），能夠釋出電磁場避免鯊魚攻擊。研究人員也實驗了迷彩潛水服，這種服裝似乎能防止被鯊魚咬傷；另外還有「反照明」衝浪板，它的底部會發光、消除掉衝浪板形成的陰影。

有些科學家擔心公部門將耗費太多錢在這些科技上。舉例來說，鯊魚盾或許能遏止鯊魚「好奇」的攻擊，卻防不了突擊，這是衝浪客最可能遭受的威脅。此外，原本是要救助鯊魚的智慧鼓線，仍會導致鯊魚死亡。

然而撲殺是更糟糕的選擇。許多鯊魚種類在澳洲皆為保育動物，其中包括了大白鯊，可是政治人物可以爭取例外豁免；許多海灘目前仍配備漁網和傳統的鼓線，而這些方法同時會殺害其他物種，且往往是瀕危的物種。2015至2016年期間，新南威爾斯州北海岸的漁網捉獲了一百一十三隻「目標」鯊魚，但同時也有六百一十五隻其他動物入網。由於鯊魚攻擊罕見，幾乎沒什麼證據能證明這些遏止鯊魚攻擊的方法確實有效。

鯊魚攻擊事件之所以增加，原因可能是經過數十年的保育，澳洲的鯊魚數量有所成長，但更重要的原因或許在於，海中戲水的遊客也增加了。如果把鯊魚和人類數量增加皆納入考量計算，現今的遊客比以往都來得安全。無論是否有酷炫的新解決方案，遭遇鯊魚攻擊的風險可謂微乎其微。

90 足球員是怎麼進行轉會的？

在足球世界裡，七月和八月被稱為「流言八卦季」——2017年，內馬爾（Neymar）從巴塞隆納轉移至巴黎聖日耳曼俱樂部，轉會金額創下了兩億兩千兩百萬歐元（兩億六千一百萬美元）的紀錄，這起事件就清楚說明了「流言八卦季」的名號從何而來。這兩個月是安排給夏季球員轉會之用的期間，球隊可以在這時挖角其他隊伍的選手。因為沒有比賽可以觀賞，球迷的注意力便轉向各種流言八卦，討論令人興奮或扼腕的跳槽動向。

內馬爾的轉會既令人興奮、也令人扼腕。過去數個月裡，巴黎聖日耳曼就一直爭取這位巴西球星，希望他能離開巴塞隆納。這場大戲後來逐漸達到不可思議的高潮。內馬爾在巴塞隆納的隊友，於社群媒體上堅持內馬爾將會留下來，報章媒體卻報導他即將離開，最後他的出走在8月3日獲得證實。巴塞隆納隊抱怨，巴黎聖日耳曼由卡達金主挹注了這筆交易，而非動用俱樂部自身的營收，這違反了相關規定：球隊賺多少就只能花多少。

不過隨著電視營收與贊助合約金日益高漲，球員的轉會費用也不例外。大部分菁英球隊都願意花四千萬歐元以上的金額，為隊伍增添一名優異的成員。他們是如何安排這些交易的呢？

在任何人坐上談判桌前，買方球隊已經花上好幾年時間找到屬意的資產。俱樂部長久以來都仰賴球探，尋找才華洋溢的年輕選手；另一方面，俱樂部也能取得大量的影片檔案，以及許多的球員表現資料。雖然領隊（manager）通常會參與挑選目標球員，不過討價還價的工作往往交給「足球總監」（director of football），或是高階主管。如果屬意的球員與其他俱樂部仍有合約，主管就必須正式向該球隊提出交涉。根據規定，買方不許事前自行聯繫球員或者球員的經紀人，這種不光彩的手段被稱之為「私下挖角」。即便如此，無論是雙方的哪一邊有興趣，流言往往都會洩漏給媒體。

接下來的談判主要是透過WhatsApp這個行動通訊軟體進行。體育律師傑克・柯恩（Jake Cohen）進一步表示，這是由於WhatsApp擁有群聊功能，既兼顧安全又能即時更新資訊，在談判上格外方便。在轉會底定之前，數項協議必須先經過全盤討論。

第一份協議是關於賣方將收到多少費用。有些球員（比方內馬爾）會訂定解約條款——也就是若有買方開出此金額，現行球隊必須接受交易，以內馬爾而言是兩億兩千兩百萬歐元。一旦賣方覺得價格大約可行，第二階段便隨之展開：買方球隊會透過經紀人，提供球員一份合約；對內馬爾來說，這份合約就是每年稅後三千萬歐元的薪酬。第三部分協議則是買方球隊支付給球員的經紀人傭金，根據Brabners法律事務所的安德魯．麥格雷戈（Andrew McGregor）表示，這筆傭金通常是轉會費用的5%至10%。內馬爾的代表團隊則收取一筆更為豐厚的酬勞：三千八百萬歐元，團隊成員包括他的父親。接下來，買方團隊會讓新球員接受嚴格的體檢，並向相應的監管機關啟動行政作業，最後買方俱樂部便能宣布簽約的消息。

如果這聽起來已經很複雜，還有一些繁瑣的條款會讓事情變得更複雜。賣方俱樂部可能會要求，如果球員未來贏得獎盃，或有其他利潤豐厚的行動，買方將必須支付款項。如果球員已經是位明星，買方還得提供球員表現獎金，而使用球員的形象也會支付酬勞。最重要的是，籌碼還是足球選手本身。合約一旦到期，球員就能逕自離去——這對舊球隊來說是天大的損失，對新球隊而言則彷彿天上掉下來的禮物，因為新球隊支付給球員的薪酬將可省去轉會費用。

時至今日，無論是殺手級的前鋒還是堅實的後衛，足球選手的身價都紛紛水漲船高，因此未來我們勢必會看到更多球員向東家獅子大開口的好戲。

91 聖路易如何成為美國的西洋棋之都？

聖路易位於美國中西部，是一座逐漸萎縮、問題重重的城市。1950年代，聖路易的人口曾達到八十五萬人的巔峰。接下來數十年裡，由於中產階級的離去，聖路易如今只剩下三十一萬五千位居民，其中近三分之一生活在美國聯邦政府訂定的貧窮等級邊緣或以下。聖路易擁有全美最高的人均謀殺率，至今仍是美國種族最分化的城市之一。2014年，鄰近的郊區佛格森（Ferguson）發生暴動，一名白人警察槍殺了一位黑人青年。這種種看起來都不像是一座西洋棋聖地的條件。然而2013年5月，美國國會正式宣布聖路易為國家的西洋棋之都。這是為什麼呢？

聖路易崛起成為西洋棋之都要回溯至2008年。該年，雷克斯·辛格菲爾德（Rex Sinquefield）選擇在家鄉推廣西洋棋作他的退休計畫，當時他已透過開創股市指數基金賺得大筆財富。（辛格菲爾德在政治上也相當活躍，他倡議廢除所得稅，同時也是右翼智庫的贊助者。）2008年，他成立了聖路易西洋棋俱樂部暨教育中心（Chess Club and Scholastic Centre of St Louis），該中心自此成為美國西洋棋界的總部。

聖路易西洋棋俱樂部暨教育中心占地六千平方英尺，裡頭包含了競賽大廳、教室、圖書館與遊樂場。在中心上課的成員有一千餘位，各個程度的人都有，中心還開設包括「女騎士西洋棋初級班」等課程。2011年，辛格菲爾德將「世界西洋棋名人堂」（World Chess Hall of Fame）帶進聖路易。根據網站上的說法，這麼做是為了「教育訪客、棋迷、玩家與學者，用收集、保存與展覽的方式，以及解讀西洋棋局，還有演繹西洋棋在文化、藝術上持續的重要性」。

辛格菲爾德的努力不懈有了成果。2009年，俱樂部開始主辦美國西洋棋冠軍賽。這是全國最頂尖的競賽，大批西洋棋好手齊集在這座城市裡。（以往的冠軍賽是由不同城市輪流舉辦。）2013年，辛格菲爾德錦標賽首度舉辦。這項賽事以幕後推手辛格菲爾德命名，獎金共十七萬美元。2016年，辛格菲爾德錦標賽吸引了世界頂尖玩家齊聚一堂，線上觀賞人數總共一百五十萬人左右。

現今，聖路易鄰近地區的好幾所大學都提供西洋棋獎學金。世界排名第二的選手蘇偉利（Wesley So）就獲得了這類獎學金，進入聖路易的偉伯斯特大學（Webster University）就讀。在地高中也會推廣課後西洋棋班，其中也包括佛格森與其周邊地區。2017年，偉伯斯特大學再度贏得總統盃大學西洋棋錦標賽冠軍。當年的比賽是在紐約舉行，而這已經是偉伯斯特大學連續第五屆榮獲冠軍。聖路易大學（St Louis

University）則排名第三。

由於聖路易的西洋棋復興，美國也再次成為全球的西洋棋強國之一。根據世界西洋棋總會（World Chess Federation）的資料，2008年當時，全球排名前十位的選手沒有半個美國人（排名最高的美國人落在第十七位。）到了2017年，世界排名前十當中已有三位是美國選手（分別是第二、第四和第七名）。而且沒錯，其中一位法比亞諾．卡魯阿納（Fabiano Caruana）已在2015年移居聖路易。

92 「數位修復」電影究竟是什麼意思？

2017年4月，李奧圖影業（Rialto Pictures）和通道影業（Studiocanal）以「新數位版本」發行了1967年的《畢業生》（The Graduate），紀念該片問世五十週年。2016年版本的《奇愛博士》（Dr Strangelove）號稱「4K超高畫質、數位修復技術製作」。1941年的《大國民》（Citizen Kane）則是以「七十五週年超高畫質」的數位修復版本「華麗再現」。

大多數的影迷對這些詞彙的理解都相當模糊，只依稀知道是等同改善的意思。不過，「修復」的過程究竟包含了什麼？是否有其必要？或者只是一套騙術，利用新包裝販售舊電影呢？

1990年代以前，所有的電影都是透過類比攝影機和感光膠片拍攝而成。當光線進入鏡頭，將微晶體轉換成銀的形態時，影像便應運而生——在暗房中使用了化學物質之後，影像就能進一步發展成為永久（甚至彩色）的影片。最終的畫面成品十分細緻，卻也容易出現瑕疵。溫度的改變、灰塵或是操作不當，都可能導致汙損、顆粒。

數位攝影能避免這些問題：影像感測晶片會將場景轉換成千百萬個像素，每一顆像素都是一個極小的方塊，其亮度和顏色皆以數位方式進行編碼。現今，大部分電影都是以此一方式製作、播映。這種作法能讓導演迅速檢視每一鏡，剪輯師也能在電腦上進行修改作業，電影公司更能夠以數位方式將影片傳送至戲院，不必再運送笨重的膠捲到世界各地。某些完美主義者則抱持不同看法，因為類比膠片達成的解析度還是較高。

一般觀眾沒這麼挑剔，幾乎所有人花錢看的都是數位影片。無論是1942年的《北非諜影》（Casablanca）串流，還是1972年《教父》（Godfather）的藍光光碟（比DVD容量更大的一種格式），觀眾看的都是原始三十五公厘膠片的掃描版本——電影公司將每一張實體影像轉換成像素。然而，完整的電影數位修復還需更進一步。膠捲必須先清理乾淨、掃除灰塵。接著，技師會一張、一張畫面修復電影，去除任何的干擾（例如雜音、刮痕，以及其他老舊的跡象），藉此提升色彩，並讓輪廓變得銳利；也可以加入額外的特效和電腦成像。在這個階段，音效也能夠進行重整，或許可透過混音導入環繞音效。整個過程相當麻煩，通常需要超過一年的時間才能完成。

如果沒有拿修復前後的版本兩相對照，如此艱鉅的改善過程很容易被忽視。影迷在意的反而是故事的調整，有些導演在修復影像之際，往往也忍不住動手調整起故事。二十一世紀初始，喬治·盧卡斯（George Lucas）在《星際大戰》

（Star Wars）前傳中率先啟用了數位攝影。然而在1997年時，原始的《星際大戰》三部曲數位修復版本卻令影迷感到不滿，因為導演增添了新場景，對話也重新做剪輯。雷利·史考特（Ridley Scott）1982年的《銀翼殺手》（Blade Runner）DVD版號稱能讓「未來的願景更臻完美」，其中一部分原因在於特效得到了強化，另一點則是結局有了改變。

此外，數位修復還有其他風險：雖然膠捲影片會損壞且容易丟失，至少能保存一部電影長達數十年之久，數位媒介的壽命就不太確定了。再者，工程浩大的數位修復還可能讓電影喪失某些特質，而這些特質才真正使這些作品如此獨一無二。

93——博彩公司如何處理贏彩的客戶？

888是一間線上博彩公司。2017年8月，該公司接到了破紀錄的七百八十萬英鎊（一千零三十萬美元）罰款，因為有超過七千名客戶為了戒賭已關閉帳戶，後來卻仍能使用他們的帳戶。不過在監管機關的視線之外，博彩公司時常被控訴的卻是另一種極端作為：這些公司太迫不及待想迴避贏彩的客戶。成功的投注者抱怨，有時他們的帳戶會因為博彩公司所謂的業務決策而關閉。另外還有人說，他們的賭注上限一夕之間就被壓得非常低。這些動作或許不受賭徒歡迎，但在世界大多數地區，以上行動皆屬合法。

博彩公司表示，審查贏家是避免詐欺的必要措施。隨著線上博弈啟用，博弈產業的競爭也日漸升溫，這迫使博彩公司開始進入從前未曾經營的市場。在某些市場上——比方東歐足球聯盟——薪酬低落和工資拖欠構成了踢假球的溫床，有人連番贏彩可能就是踢假球的徵兆。

然而，之所以要努力挑出這些精明的客戶，原因通常不在打擊可疑的計畫。事實上，這麼做是業內人士所謂「風險管理」的其中一環：為了維持獲利，博彩公司會針對潛在損失設定上限。正如一位博弈顧問所言，「博彩公司會關閉不賺錢的帳戶，就像保險公司不會想經手容易淹水的房子一樣。」博彩公司有許多方法瞭解自己的客戶，包括搜集線上資料、追蹤網路習慣，並檢查賭客是否造訪賠率對照網站。此外，由於反洗錢法規的緊縮，客戶的樣貌也變得容易掌握，因為該法規要求線上投注者必須在開立新帳戶時提供詳細的資訊。

博彩公司的論點是，這種審查有其必要性，可以減少與職業賭客打交道的機會，讓公司提供更好的賠率給一般投注者；批評者則反駁，博彩公司的網子撒得實在太廣。博彩公司花費大筆資源，試圖找出這些以賭維生的客戶，這種客戶時常會聘僱量化分析師來評估結果、發展避險策略（某些案例中，他們會比對幾家博彩公司賠率的落差，從中尋求獲利）。線上博彩公司則以設計複雜的演算法，篩檢出投注金額畸零、怪異的客戶——例如13.04英鎊這種數字——因為一般投注者多以整數金額作賭注。業者也會檢視回絕免費賭注或紅利的客戶，因為這些優惠鮮少符合職業賭客的模型，往往會有附加條款與條件。

業者還會審查用戶行為。一般投注者傾向活動開始前幾分鐘才下注，但職業賭客為了尋求最佳賠率，往往幾天前便下了注（因為等得越久，一場特定活動就會有越多資訊浮上檯面，博彩公司更容易定價）。此外，業者也會檢視客戶贏彩的傾向。有的時候，如果賭客的行為看起來具備內幕情報，博彩公司會接受令自己虧損的投注，換取市場資訊。

以上正說明了，為什麼職業賭客鮮少會跟大街上的博彩業者打交道。他們做生意的對象通常是Betfair或Smarkets大型博彩交易所，因為交易所不會對贏彩的客戶設限（但針對某些贏彩最多的用戶，Betfair會收取一筆額外費用）。或者，職業賭客會與某些博彩業者合作，業者利用成功的賭客，改善自身博弈市場的效率，賺取傭金做收入。這些業者會大方聲明不對贏彩帳戶設限、接受大筆金額投注（Pinnacle是一家頗具影響力的博彩公司，時常以一百萬美元作重大活動的投注限制）。

職業賭客也會透過仲介偷渡大筆交易，Gambit Research就是其中一間英國仲介，他們運用科技，將許多小筆賭注分散到各家博彩公司當中。在這類交易方面，亞洲的仲介業者格外著名：許多公司都能以匿名的方式，將金額可觀的賭注分散至地方博彩業者當中。這是一場職業賭客與博彩業者的對局，與他們所熱愛的體育活動截然不同，永遠停留在聚光燈之外的世界。

94 世界上最賺錢的足球俱樂部是哪一個？

2018年1月，顧問公司德勤（Deloitte）發布了年度足球財富排行榜（Football Money League），其中曼徹斯特聯（Manchester United）仍舊是足球界最賺錢的俱樂部。在2016至2017年球季，紅魔（曼徹斯特聯的暱稱）並未晉級獎金豐厚的歐洲冠軍聯賽（Champions League），因此只能贏得歐洲聯賽（Europa League）這個第二線的國際足球俱樂部競賽。

和皇家馬德里（Real Madrid）比起來，曼徹斯特聯在球場上的表現可謂相形見絀，因為皇家馬德里同時贏得了歐洲冠軍聯賽與西班牙足球甲級聯賽（La Liga）。即便如此，由於英格蘭足球超級聯賽（English Premier League）強大的轉播能力，使得曼聯依舊蟬聯了足球財富排行榜的冠軍寶座。

德勤的排名結合了多項因素，包括贊助和服裝銷售等商業交易、球賽當日營收，以及轉播收入等等。現今，在各家足球俱樂部的營收當中，有越來越高的比重來自於轉播，去年更達到前所未有的45%高峰。因此不意外的是，在財富排行榜前二十名當中，英格蘭球隊就包辦了一半之強。2016至2017年球季是英超新一輪三年電視轉播交易的第一年，該筆交易金額高達每季約二十八億英鎊（四十億美元）。放眼歐洲「五大」聯賽的其他四大（西班牙、德國、法國和義大利），上述金額比任何四大聯賽所達成的轉播金額都還要高出一倍以上。因此在上一個球季裡，南安普敦足球俱樂部（Southampton FC）比羅馬體育俱樂部（AS Roma）更賺錢，萊斯特城足球俱樂部（Leicester City）也藉由歐洲冠軍聯賽，在排名上一舉超越國際米蘭足球俱樂部（Inter Milan）。

整體而言，足球產業的財務狀況十分穩健。去年，各家足球俱樂部的營收皆有成長，排名前二十的球隊一共賺了七十九億歐元（九十八億美元），十年前這個數字只有三十九億歐元。然而，最有錢的球隊還在持續加大領先，前三名俱樂部的營收合計為二十億歐元，這數字比第二十至三十名的十一支球隊加總起來還多。分析師警告，由於觀眾逐漸選擇更便宜的網路影視服務，下一輪歐洲足球轉播權的競標勢必不再如此瘋狂，市場或許已來到頂峰——至少目前看來是如此。

通往財富的球門

最賺錢的足球俱樂部

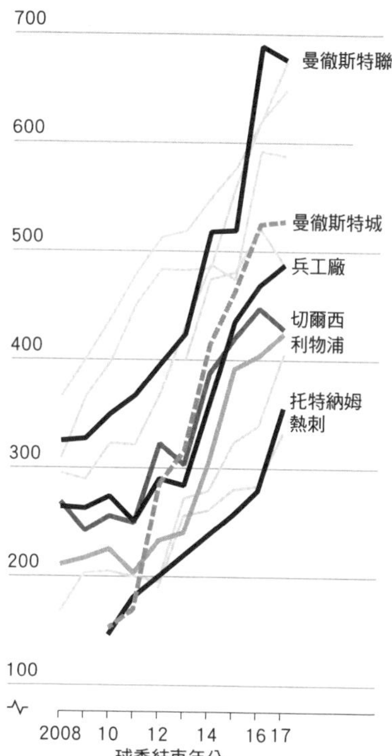

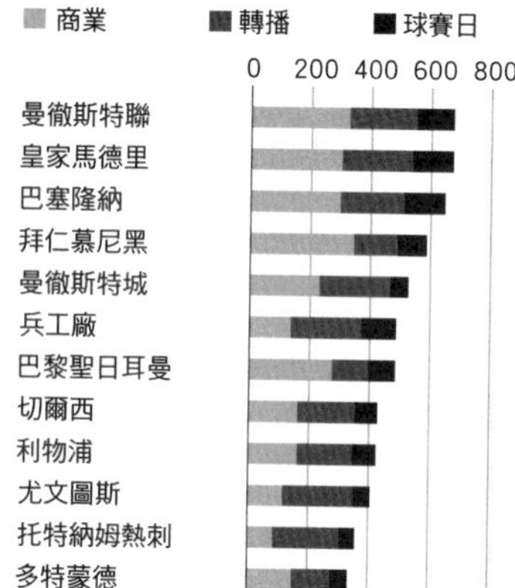

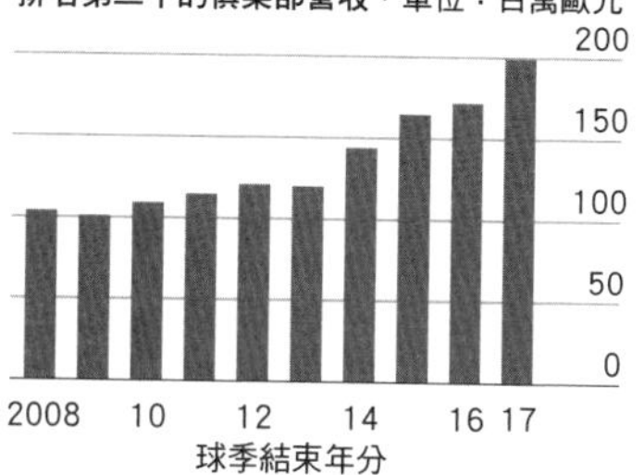

資料來源：德勤

PART NINE

說文解字：
語言與文化的常識

Q 表情符號為語言上帶來什麼附加效益？

（1）大家喜歡用，促進萬國碼的普及
（2）有助書寫時的文意表達
（3）只是好看好玩，沒有特殊價值
（4）帶動語言次文化的發展

——答案詳見P.272

Q 機器如何學習處理人類的語言？

（1）設定大量文法規則以拆解來源語言
（2）聯網快速搜尋翻譯資料庫
（3）以深度學習和語言模型來訓練系統
（4）用演算法判斷每個字的讀音與字義

——答案詳見P.286

95——為什麼表情符號產生了語言上的附帶效益？

各國文字在數位世界的呈現可算是一場激烈爭辯的主題，可能還有些晦澀難懂。究竟某一個書寫系統有沒有分大小寫，或者該系統需要哪些特殊符號，編程者與設計師或許會有不同意見。近期關於表情符號的討論更顯膠著（表情符號用於電子通訊當中，藉此表達意義或情緒——想像一下那些黃色的笑臉）。

這一切要從萬國碼（Unicode）說起。萬國碼是一套標準，為全世界的字母和其他事物（例如數學符號），定義一組數碼以及相對應的描述。萬國碼能讓不同的裝置、作業系統和應用程式呈現出同樣的字符，並適用於上千種語言，因此如果一個人在加州、使用iPhone在WhatsApp上輸入一則梵文訊息，人在加德滿都的接收者可以透過Windows的筆記型電腦，成功讀取該則訊息。

這套標準是由一個非營利組織萬國碼聯盟（Unicode Consortium）進行管理，該組織自1990年代初期開始營運。萬國碼聯盟會定期將更多字符納入清單：有的字符來自古老的語言，學者希望使用這些語言；有的字符來自現代語言，但使用者比較少，或是擁有不尋常的字符。文字編碼提案倡議（Script Encoding Initiative）最初是由加州大學柏克萊分校（University of California, Berkeley）提出，內容包含一百種尚未納入萬國碼的書寫系統，來源地遍及南亞、東南亞、非洲和中東地區。

自2010年起，萬國碼開始納入表情符號的編碼。1999年，表情符號首次出現於日本，隨即在2000年代風行全世界，但並無任何作業系統、通訊應用程式擁有共同的編號或表示方法。因此Windows、安卓和iOS不僅使用不同的黃色笑臉圖形（飯碗等其他圖形也不同），有段時間還以不同的數字進行這些圖形的編碼。一個系統所送出的表情符號，在另一個系統裡可能變成截然不同的東西，甚至以空白長方形呈現。幸好萬國碼聯盟決定介入，將使用的數碼加以標準化，不過確切的樣貌仍取決於接收的平台或應用程式（現今包括了Slack、臉書和推特，以及不同裝置上的各個作業系統）。

萬國碼的難處是，表情符號的需求正在持續成長。原因在於，蘋果和谷歌等公司，以及不同的公司、產業、個人和利益團體，都希望看到特定符號獲得呈現，例如美國的緬因州就支持加入龍蝦表情符號的提案。所有新增表情符號的提案送交萬國碼聯盟之後，都必須獲得討論與投票表決。

聯盟的某些成員擔心，新表情符號的決策會令他們分心，無法專注於更具學術性的事務，因而延遲了為古老和現代語言書寫系統新增字符的工作。皺眉大便表情符號的提案

（微笑版本已經存在）格外引發不滿。字體設計師麥可・艾弗森（Michael Everson）認為，這些符號「傷害了萬國碼標準」。

然而，萬國碼聯盟的共同創辦人馬可・戴維斯（Mark Davis）表示，這樣的憂慮可謂言過其實。雖然表情符號引發了媒體不成比例的廣泛關注，不過萬國碼聯盟已成立獨立委員會，另行處理表情符號的事宜。馬可・戴維斯還指出，對於表情符號的關注已經產生附帶效益。許多軟體產品早先都缺乏萬國碼的支援，不過設計師為了要納入表情符號，於是都安裝了萬國碼的升級版本。如此一來所產生的附帶效益，就是數百種語言的萬國碼字符因此得以呈現，使這些語言字符不再被忽視。

96 字母的名稱是怎麼來的？

英文字母的名稱似乎沒什麼規則，其他語言的字母名稱也同樣難以預測。有些英文字母的開頭是egg裡e的發音（比方F、L），有些字母的結尾則是ee的發音（比方T、D），但其他字母就沒有明顯的押韻，發音也沒有毫無任何道理。究竟是怎麼變成這樣的呢？

所有的母音字母皆以它們的長發音作為字母名稱。在中古英語當中，這些長發音大致是ah、ay（好比「may」的母音）、ee、oh和oo（好比「tool」的母音）。然而，自1400年左右開始的幾世紀裡，「母音大推移」（Great Vowel Shift）改變了英語中的長母音，使得英語母音聽起來不同於歐洲語言的母音，字母的名稱也隨之改變，成了ay、ee、aye、oh。不過在母音大推移之後，U這個字母仍然被稱作oo；一直要等到1600年左右，yoo這個名稱才開始取而代之。針對Y這個字母，《牛津英語詞典》（Oxford English Dictionary）僅指出名稱「來源不詳」。該字母至少有五百年歷史了。

子音的名稱方面，其實比乍看之下來的有規則。這是一套從拉丁文傳承下來的系統，後來經歷一番修改。「閉塞」子音——也就是會完全阻擋氣流的子音——結尾都是發ee的音（想像一下B、D、P和T）。氣流持續的子音則是以egg裡e的發音開頭（F、L、M、N、S和X）。不過其中有幾個例外。C與G同時都有閉塞與非閉塞（或者說是「硬」和「軟」）的發音，例如「cat」與「cent」、「gut」與「gin」。C和G的名稱之所以是see和gee，原因在於：在拉丁文中，這兩個字母都只是閉塞子音，所以依循的名稱規則與B、D相同。（至於它們為什麼不發音成key和ghee則不清楚。）

其他的例外則需要更多解釋。R有持續的氣流，以往也依循著前述規則，名稱叫作er。後來因為不明的原因，名稱變成了ar。在拉丁文裡，V以往同時被用作子音和母音，而且也不符合前述規則：它是一個磨擦子音（透過干擾氣流發音），名稱依循的卻是閉塞子音的規則。W也是V過往雙重身分遺留下來的產物。J在拉丁文中並不存在，其英文發音承襲自法語，後又經過一些調整。

Z來自希臘文的zeta。（美國人把這個字母稱作zee，可能是為了聽起來比較類似其他字母名稱，確切的原因並不清楚。）在所有字母當中，最特立獨行的或許要算是H了。H的名稱源於拉丁文的accha、ahha或aha，中間還經過法語的ache。在大部分地區，這個字母的現代名稱裡並沒有h的發音，但仍然有一個變型的發音版本——haitch——有些人認為這是一種矯枉過正，目的是為了把字母的發音納入其名稱當中。在愛爾蘭共和國裡，haitch被認為是H的標準名稱；在北愛爾蘭，天主教徒說的也是haitch，而aitch發音則能協助辨識出新教徒。但不只愛爾蘭，haitch這名稱也正在英格蘭的年輕人當中普及，這點令年長世代感到驚恐。

97 為什麼巴布亞紐幾內亞通行這麼多語言？

印度共十三億人口、疆域遼闊，並擁有二十二種官方語言（還包括上百種非官方語言），因此世人都認定印度是世界上語言最多樣的國家之一——然而印度還比不上另一個國家：只有七百萬居民，位於太平洋上的巴布亞紐幾內亞。該國有將近八百五十種語言通行，因此成了地球上語言最多樣的國家。為什麼巴布亞紐幾內亞通行這麼多語言？當地人又是如何與這麼多語言共存？

在巴布亞紐幾內亞，最古老的語言群是所謂的「巴布亞諸語言」，這些語言是四萬年前第一批定居者帶進來的。即便都屬於「巴布亞諸語言」這項大類，這些語言卻沒有單一的根源；相反地，它們分屬於數十個語系，彼此不相關聯，其中有些甚至是孤立語言，和任何其他語言都沒有親屬關係。這些語言又與巴布亞紐幾內亞的南島語系不同：南島語系大約在三千五百年前左右抵達，有可能源自於臺灣。

十九世紀期間，隨著操英語、德語的殖民者到來，情況又變得更複雜。獨立之後，巴布亞紐幾內亞訂定了三種官方語言。英語為第一官方語言；托克皮辛語（一種混雜語言）是第二官方語言；第三官方語言則是希里摩圖語，它是南島語系中摩圖語的簡化版。（手語也於2015年加入官方語言。）但即便許多語言未獲得國家認可，語言的多樣性仍屹立不搖。在該國的近八百五十種語言當中，每一種語言都擁有數十人至六十五萬人不等的使用者。

多虧了巴布亞紐幾內亞的原始地貌，山丘、叢林和沼澤將村落彼此隔絕，語言因此得以留存。以農村為主的人口結構也有所幫助：在所有巴布亞紐幾內亞人中，只有大約13%居住在城鎮。的確，有些巴布亞紐幾內亞人從未接觸過外在世界，激烈的部落鬥爭——巴布亞紐幾內亞時常因部落暴力衝突而動盪——也使得人們以自己的語言為傲。時間的推移也是另一項促成語言多樣性的重要因素。根據語言學家威廉・弗利（William Foley）的說法，一種語言分化成兩種語言通常需要一千年左右；在有四萬年可以發展的情況下，巴布亞諸語言於是有充足的時間可以自然演變。

面對如此驚人的語言多樣性，巴布亞紐幾內亞人決定擁抱托克皮辛語，托克皮辛語以英語為基礎，混合了德文、葡萄牙文和本土的巴布亞諸語言。托克皮辛語是一種混雜語言，十九世紀在貿易人士之間發展起來。（這種語言的名稱「托克皮辛」本身就是英語「talk pidgin」的諧音，意思是「說混雜語」。）最近幾十年，托克皮辛語已成為巴布亞紐幾內亞的主要語言，市面上也發行了一份托克皮辛語報，在教會裡頗受歡迎。目前，巴布亞紐幾內亞有四百萬人說托克皮辛語。

該語言混雜的起源正說明了它為何能成功：簡單的詞彙容易學習，混雜的血統也讓托克皮辛語表達力驚人。在托克皮辛語中，Pikinini的意思是「孩童」，來自葡萄牙語；「都市人」是susok man——源於英文的「shoe sock man」（意指「穿鞋、穿襪的人」）。然而，托克皮辛語的成功可能會威脅巴布亞紐幾內亞的語言多樣性：該語言正逐漸排擠其他語言，其中有十幾種語言已然絕跡。在巴布亞紐幾內亞，當一種現代的語言蓬勃發展之際，其他古老的語言可能永遠消失不見。

98 塞爾維亞—克羅埃西亞語究竟是一種語言，還是四種語言？

在波士尼亞、塞爾維亞、克羅埃西亞和蒙特內哥羅，有大約一千七百萬人說著大同小異的語言，這種語言以往被稱作塞爾維亞—克羅埃西亞語，或是克羅埃西亞—塞爾維亞語。然而，就官方而言，這個曾團結南斯拉夫的語言如今已不復存在，就像南斯拉夫已然消失一般。時至今日，該語言有四個名字：波士尼亞語、塞爾維亞語、克羅埃西亞語和蒙特內哥羅語。不過這些真的都是同樣的語言嗎？

根據這四個國家多位語言學家和非政府組織的說法，答案是無庸置疑的肯定。這些學者、團體在一個名為「語言和民族主義」的專案旗下共事，並於2017年發表一份「共同語言宣言」，內容指出，這四個語言共同形成一種「多中心」語言，類似英語、德語或阿拉伯語的情況。他們表示，雖有不同的方言存在，這些都是同一種語言的變異，因為說這些語言的人都能夠彼此理解。的確，和許多其他多中心語言相比，這四種語言的相似性其實更高。

有些教育和公家機構堅持只能使用這四種語言名稱的其中之一，但該宣言的發表者認為，這其實是「壓迫、不必要且具有傷害性」的作法。該宣言背後的蒙特內哥羅成員達莉波爾卡·尤嘉瑞薇可（Daliborka Uljarevic）指出，宣言的目標是激發語言相關的討論，並且「不帶有民族主義的包袱，同時為和解進程做出貢獻」。

由於堅持以四種不同名稱指涉塞爾維亞—克羅埃西亞語，荒謬事蹟因而層出不窮、永無止境。在波士尼亞，孩子們可能住在同一座城鎮、念同一所學校，卻上不同的語言課程。波士尼亞的政府首頁共有四種語言：英語、波士尼亞語、克羅埃西亞語（這三種語言使用拉丁字母），以及塞爾維亞語（使用西里爾字母）。儘管如此，該區域的政治人物會面時並不需要翻譯。當戰犯在海牙的聯合國法庭受審時，無論輪值的口譯員說的是哪一種方言，戰犯都能使用該方言的口譯服務。一張來自波士尼亞的圖片曾在世界各地廣傳，突顯的正是這種荒謬：圖中有一包香菸，上頭用拉丁字母寫了兩次「吸菸會致命」、用西里爾字母又寫一次，三句的拼字完全一模一樣。

就像世界許多其他地區，語言的爭論重點總在政治。塞爾維亞的民族主義者認為，2017年的宣言目的，是為了削弱塞爾維亞的塞爾維亞族、波士尼亞的塞爾維亞族以及蒙特內哥羅人之間的連結。如果化解了語言問題，等於也剝奪了民族主義者挑撥離間的工具，因為語言問題突顯的正是彼此的差異。塞爾維亞的民族主義者擔心，如果在波士尼亞，所有人都認為自己說的是同一種語言，這將削弱這些民族主義者的政治野心，讓他們最終不再有機會摧毀這個國家。

在克羅埃西亞民族主義者的獨立運動中，有一部分也涉及了語言：1960年代期間，若干學者曾宣稱克羅埃西亞語是一種不同的語言。如此一來，他們就能進一步推展論述，表示克羅埃西亞人勢必也是不同的民族，因此不會是南斯拉夫人。然而，大多數老百姓並不在意這個問題。當他們問你是否會說他們的語言時，他們用的字往往是「naški」，也就是「我們的」語言。

99 語言為什麼和國家身分緊密相連？

最近幾年歐美民粹主義的崛起，顯示選民在移民議題上存在著根深蒂固的歧見。從川普、英國獨立黨到德國另類選擇黨（AfD），這些民族主義者或民粹主義者都聲稱，政府應該優先阻止外國人進入國內。不過若要深究外國人、本國人的定義，事情就變複雜了。其中部分原因在於，一個人的身分往往取決於一系列事物，包括了價值觀、語言、歷史、文化和國籍。

2017年2月，皮尤研究中心（Pew Research Centre）發表一項調查，希望拆解一個人如何被評斷為真正的美國人、英國人或德國人。這份調查列舉了各項不同因素——使用的語言、依循的習俗、宗教信仰和出生國家——依此詢問受訪者，對身為自己國家的國民而言，這些因素的重要性分別為何。

平均來說，在十五個接受調查的國家裡，會說一個國家的國語被視為最重要的特質。荷蘭人的這項分數高於所有其他國家；加拿大則最不在意語言能力，只有一半的受訪者表示，能用英語或法語交談（兩者都是加拿大的國語）非常重要。其中一點原因可能在於，加拿大本身就有不同的語區；再者，和澳洲一樣，在接受調查的國家裡，加拿大擁有最高比例的國外出生人口，超過總體人口的20％。

近期的難民事件似乎對不同國家產生了不同的影響。對大批來自中東的難民而言，希臘和匈牙利是中繼國，這兩國在調查中也格外重視擁有共同的習俗、傳統，以及是否在國內出生（希臘並且非常在意是否為基督徒）。不過在德國，也就是許多難民、移民的終極目的地，受訪者對上述因素就相對不重視。這點意味著，德國的「歡迎文化」依然健在——或至少可以說，德國另類選擇黨若要有機會真正掌權，應該還有好一段路要走。

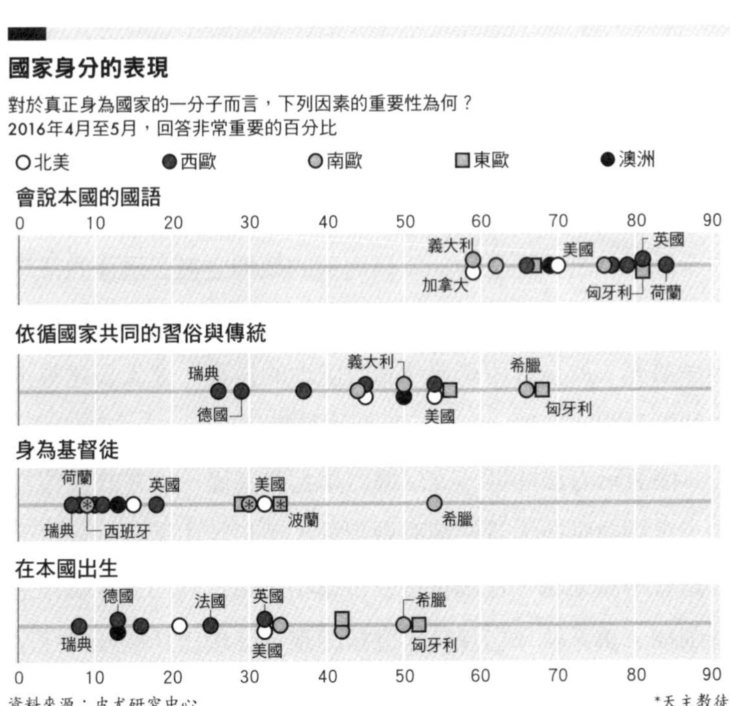

100——機器如何學習處理人類的語言？

能理解、回應語音指令的裝置，現在越來越受歡迎。亞馬遜的Echo裝置搭載了一位名叫Alexa的數位助理，該裝置目前已遍及上百萬個家庭。你可以要求Alexa播放音樂、設定鬧鐘、叫計程車，或是請她告訴你路程、講個冷笑話，Alexa都會照辦。其他科技巨頭的語音數位助理（包括谷歌助理、微軟的Cortana和蘋果的Siri）也都有長足的進展。電腦是如何學習處理人類語言的呢？

為了讓電腦理解人類語言，一開始的作法是設定一系列精準規則——舉翻譯的例子來說，會用一套文法規則拆解來源語言的意思，再用另一套規則於目標語言中重新產生同樣的意思。然而，經歷1950年代短暫的樂觀之後，這樣的系統無法更進一步處理複雜的新語句；「以規則為基礎」的作法無法擴充。於是對所謂自然語言處理的投資，進入長達數十年的冬眠期，直到1980年代晚期才復甦。

接著新方法問世，改以機器學習為基礎——在該技術當中，電腦會吸收大量的範例做訓練，不再經由明確的設定。以語音辨識來說，電腦會接受音檔和人類聽寫的逐字稿來進行訓練，讓系統學習預判什麼樣的聲音該產出什麼樣的逐字稿。在翻譯方面，訓練的資料包括來源語的文字，以及由人類完成的翻譯稿，系統會學習在兩者之間比對、匹配。「語言模型」是可以同時精進語音辨識和翻譯的技術——它是一個關於語言的知識庫，內容包含了（舉例來說）英文的語句應該長什麼樣子。該模型大幅減少了系統自行猜測的空間。

近年來，機器學習的作法快速進展，原因有以下三點。首先，電腦效能遠比過去來得強大。再者，電腦能透過大量且持續成長的數據學習，有的是網路上的開放數據，有的則是公司企業自行搜集的數據。第三點，所謂的「深度學習」方法結合了更快速的電腦、更充足的數據，以及新的訓練演算法和更複雜的架構，可以更有效率地從範例當中學習。

這一切都意味著，電腦現在已擁有驚人的能力，可處理需要精準答覆的語音指令。「明天倫敦的氣溫是多少？」這個問題已經不困難（不過其實用不著電腦提點，你也知道明天倫敦勢必會下雨）。使用者甚至可以用更自然的口吻詢問，比如說：「明天我該帶傘去倫敦嗎？」（數位助理會持續學習人們提問的各種方式。）但如果你問的是非常開放性的問題（比方：「明天倫敦有沒有什麼好玩又不貴的活動？」），那麼通常你只會得到一份搜尋引擎查詢結果的清單。隨著機器學習日益精進，同時使用者又持續讓裝置更瞭解使用者本身，提供的答案也會越來越實用。

隱私權倡議者擔心，這類持續監聽的裝置圍繞在身邊，最後可能帶來不良的影響。不過，根據這幾年智慧型手機的使用情況，顯示消費者其實很樂意擱置這類疑慮，藉此換得便利性，透過語音指令就輕鬆操控電腦。的確，這非常像是在下咒語一般：說出對的話語，事情就會發生——這正是機器學習的魔力所在。

101 為什麼世界銀行需要減少使用「and」這個字？

2017年初，一場罕見的文字戰爭在世界銀行開打，當時該行新任的首席經濟學家保羅・羅莫（Paul Romer），被剝奪對研究部門的掌管權。內部的一份備忘錄聲稱，這麼做是為了讓營運與研究部門更接近，但是許多人懷疑，真正的原因在於保羅・羅莫與員工因為世銀的文字風格起了爭執。

保羅・羅莫要求報告必須寫得更好、更精簡，還特別點出「and」這個字（「和、與」的意思）的過度使用。他曾宣布，如果「and」佔了全文超過2.6%，他不會允許該份報告發表。這種頑強的作風惹毛了某些行內員工。保羅・羅莫的抱怨有道理嗎？

以「and」的使用頻率衡量寫作品質，很難說是唯一、最佳的評斷標準，但如果過度使用也會讓行文變得臃腫，甚至無法閱讀。世界銀行一份在1999年的報告，承諾要：「promote corporate governance and competition policies and reform and privatise state-owned enterprises and labour market/social protection reform」（「推動公司治理和競爭相關的政策和改革，和將國營企業私有化，和勞動市場／社會保障的改革」）。保羅・羅莫所設定的2.6%上限大致符合學術文章裡「and」的出現頻率。（相較之下，在《經濟學人》每週的實體印刷版中，若排除廣告，「and」一般只佔全文的1.5%。）

弗朗柯．莫雷堤和多明尼克．佩斯特赫是史丹佛文學實驗室（Stanford Literary Lab）的學者，他們的研究分析了世界銀行自1940年代創設以來的語言使用情況。1940年代當時，世銀的報告通常都大致符合2.6%的標準。然而到了2012年，「and」已佔報告全文的大約6%。其他風格上的瑕疵也不少。字母縮寫現今佔報告全文的5%左右，而1970年代僅佔3%。此外，「公平價值」、「投資組合」等金融詞彙也變得更為常見。

世界銀行的報告撰寫者還面臨其他困難。2014年，內部統計數據突顯了世銀的報告多麼乏人問津：在一千六百一十一份受統計的文件當中，有32%從未有任何人下載。所以保羅．羅莫其實切中了要點。如果世界銀行希望報告有人閱讀，至少可以先讓這些報告變得好讀一點。

連接詞氾濫

世界銀行報告

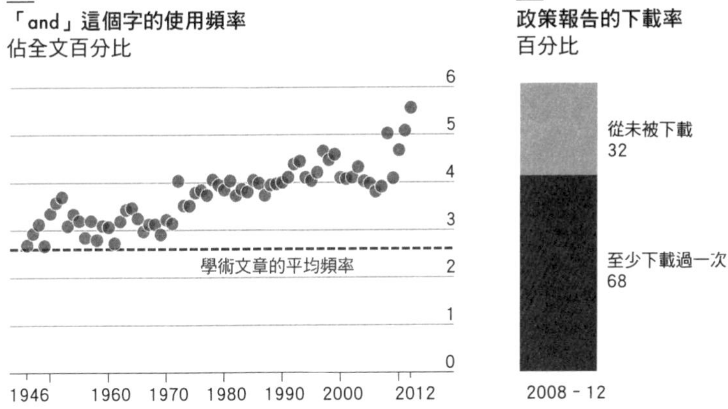

資料來源：「世銀之語：1946至2012年世界銀行報告中的語言」（Bankspeak: The Language of World Bank Reports 1946-2012），作者為弗朗柯．莫雷堤（Franco Moretti）和多明尼克．佩斯特赫（Dominique Pestre），2012年；世界銀行

102 法國為什麼對新標點符號起爭論？

在法國，語言議題時常引發全國性的激烈辯論。2016年，有一場希望能簡化法文繁複拼字的改革運動，包括允許某些字選擇性地刪除揚抑符號（ˆ），沒想到引發軒然大波，甚至促成了一場名為#JeSuisCirconflexe（即「#我是揚抑符號」）的網路抗爭。

2017年，另一回合的語言爭辯迫使總理介入，法語的官方規範機構法蘭西學術院（French Academy）更發布警語，表示法語正「岌岌可危」。此一回合的爭辯源自於：在新出版的小學三年級文法課本裡，出現了一種罕見的標點符號。這為什麼會導致強烈的不滿呢？

所有的法語名詞都必須有陰陽性，而且陰陽性往往與事物本身的特質無關。舉例來說，「書桌」這個字（le bureau）是陽性，「桌子」這個字（la table）則是陰性，沒什麼特別的原因。在其他例子當中，名詞的陰陽性則會依循所指涉事物的生物性別：「un directeur」是男性主管，「une directrice」則是女性主管。自從十七世紀以來，法語的複數規則一直都是陽性永遠優先於陰性；根據法蘭西學術院一位早期成員的說法，這是因為「陽性比較尊貴」。因此，即使只有一位男性主管加入五百名女性主管的行列，這個群體會變成了陽性複數的「les directeurs」。

法語文法「陽性主導」的規則時常引發爭論。1984年，一個相應的委員會應運而生，目的是要將許多職位頭銜陰性化，因為傳統上由男性主導的職業裡，女性工作者的人數已經越來越多，所以必須反映這項事實。該委員會提出的建議飽受嫌惡，因此法國政府一直未強制這些職位頭銜的陰性化，直到1998年才有所改變。

某些女性主義者認為，法語陽性主導的規則可謂性別歧視之例證，而前述的爭議課本提供了一道解決方案。為了能同時指涉陰陽性，該課本在字中插入一種點狀符號，名稱叫作間隔號。間隔號的位置是在名詞複數型態的陽性字尾之後，而間隔號之後則接著陰性字尾。舉例來說，如果是一位男性主管和五百位女性主管，新的寫法就變成了「les directeur・rice・s」。

性別平等高級理事會（High council for Gender Equality）是國家級的諮詢機關，致力於推動平等權利。2015年，當該理事會提出間隔號與一系列建議、藉此落實性別包容的語言時，還沒有什麼人關注這件事情；課本出版後的反彈聲浪則迅速得多。由黎胥留樞機主教（Cardinal Richelieu）於1635年創立的法蘭西學術院便警告，這種「變異」將造成「近乎無法閱讀的混亂」，並且讓其他語言「乘虛而入進而主宰」。

法國總理愛德華・菲力普（Édouard Philippe）也介入，要求部會首長「不要在官方文件中使用所謂的包容式語言」。

性別包容語言的爭議發生之際，法國正好在應對國內反性侵、反性騷擾的#MeToo抗爭，在法國這場運動叫作#BalanceTonPorc（即「#揭發你的色狼」）。有超過三百名法語教師簽署了一份宣言，表示他們不會再教導陽性主導陰性的文法規則。科技同樣也扮演了重要角色，協助性別包容的語言常規化，無視法蘭西學術院的大聲警告。法國標準化協會（French Association of Normalisation）是一個全國標準制定的機構，該機構指出，他們正在設計一款新的法語鍵盤，未來將會納入間隔號。

這麼做有其正面的理由，好幾項研究顯示，性別包容的語言能減少性別刻板印象與歧視；另外也有研究表示，性別不平等的語言和女性勞動參與率低落之間有所關聯。無論間隔號未來是否普及，背後都是非常良好的提點。

PART TEN

季節嚴選：
破解佳節與慶典迷思的常識

Q 為什麼歐洲人到了八月就懈怠？

（1）夏天太熱缺乏活力

（2）工人的傳統休假習俗，也趁機做機具歲修

（3）純粹只是想要有個長假

（4）許多人去度假，影響其他人的工作效率

——答案詳見P.305

Q 耶誕音樂的聆聽頻率受到什麼因素影響？

（1）氣溫越高，越多人聽

（2）晴天越多，越多人聽

（3）基督徒越多，越多人聽

（4）黑夜越長，越多人聽

——答案詳見P.310

103 新年新希望的傳統是從何而來？

每年伊始之際，成千上百萬人都會許下新年新希望，但願自己的生活過得越來越好：戒酒、多運動、培養嗜好。然而，雖說要為耶誕節的放縱洗心革面聽來言之有理，不過新年新希望的傳統其實遠比聖誕節慶的歷史悠久，甚至早於將新年選定於冬季中旬之前。

巴比倫是第一個記載新年節慶的人類文明，時間大約是四千年前。他們的過年與農業季節輪轉息息相關，新年的起始點大致落在春分之際（以我們的現代陽曆來說就是3月底）。巴比倫人會舉行為期十二天的慶典，慶祝生命萬象的更新；這個慶典叫作阿基圖（Akitu），標誌著農業年度的伊始。在阿基圖期間，欲討好眾神的民眾會做出各種承諾，答應將償還債務、歸還借用的物品。類似情況也出現在古埃及。在7月的新年期間，人們會向尼羅河之神哈匹（Hapi）獻上祭品，而每年的這個時間點，尼羅河的氾濫正好造就了一段特別沃饒的時期。古埃及人會祭拜並供奉祭品，祈求好運、豐收以及軍事方面的勝利。

羅馬人延續了這樣的習俗，但是更改了日期。據說最初羅馬的年曆共有十個月分，每一年從3月的春分左右起始，另外還有六十多天的冬季不包含在命名的月分中。西元前700年左右，年曆新增了兩個月分。一直到西元前46年，也就是凱撒大帝（Julius Caesar）進行曆法改革之際，1月才正式成為一年的起始。在當時，新當選的執政官會在1月展開任期，因此年曆的重點從原本的農業循環，轉變成公民社會的更迭。羅馬人的新年慶典包括祭拜起訖之神雅努斯（Janus），英文的1月「January」命名正是源自於此神。

然而，這些傳統的延續令後來的基督徒感到不快，因此在中世紀歐洲，基督徒便試著改在宗教意義顯著的日子慶祝新年，比方耶誕節或是3月的聖母領報節。對於新年新希望的態度也有所改變，祈禱、守夜和懺悔變成了向信仰價值宣誓效忠的程序。在聖誕節慶最終，據說某些騎士會發下所謂的「孔雀誓約」。在發誓過程中，騎士會將手放在孔雀身上（孔雀被認為是一種尊貴的鳥類），以此重申他們對騎士精神的承諾。這種具有道德意味的承諾日後延續了下來。十七世紀的一位蘇格蘭女性曾於日記中寫到，人們會以聖經的經文作為新年願望的開頭，例如「我不再犯罪」（I will not offend anymore）。

1813年，「新年新希望」一詞首次出現於一份波士頓報紙上，當時宗教的色彩正逐漸淡去。早在幾年之前，愛爾蘭刊物《沃克愛爾蘭誌，趣味知識概要》（Walker's Hibernian Magazine, Or, Compendium of Entertaining Knowledge）中的一篇文章就曾經嘲諷過這種作法。該文章指出，醫生一本正經地承諾新的一年「收費將非常親民」，政治人物則承諾「自己將心無旁騖，一切都為國家著想」。

然而，許下不切實際、過分樂觀的新年新希望至今仍是傳統。根據民調顯示，現今英美兩國大約有半數民眾會許下新年新希望——不過，由於少了遭到上天懲罰的恐懼，遵守諾言的動力不足，因此只有不到10%的人真的說到做到。

104 為什麼聖派翠克節普及全球？

每年3月，大約有一週的時間，都柏林的政要機關會大唱空城計。部會首長和政府官員已經打包好行李，準備啟動一年一度絕無僅有的軟實力展現：去海外進行與聖派翠克節相關的推廣之旅。聖派翠克節是愛爾蘭的國定假日，時間落在3月17號。通常世界各地會有數十個國家接待愛爾蘭的政府高官，有更多國家會由愛爾蘭僑民自行慶祝。接著是這場外交攻勢的重頭戲：愛爾蘭總理和美國總統的年度會面。很少有國家能在自己的國慶日上，享受如此高階的接待與能見度。

聖派翠克（St Patrick）原本只是一位五世紀虔誠的傳教士，他的紀念日如今已成為全球性活動——人們暢飲愛爾蘭威士忌、身著綠色服裝，說自己也是愛爾蘭人好向別人索吻（即便自己根本不是）。這一切是如何發展而來的呢？

聖派翠克節之所以成為國際慶典，原因在於移民。十九世紀愛爾蘭幾次饑荒期間與其後，有大約兩百萬人離開，其中大部分定居於美國和英國。到了1850年代，在利物浦、波士頓等城市，愛爾蘭裔已佔了高達四分之一的人口。在這些群體當中，愛爾蘭的身分認同隨之浮現，其內涵包括了虔誠的天主教信仰，以及當時強而有力的政治訴求：從英國獨立出來。在美國和其他地區，由於突顯愛爾蘭傳承的公開佈道、演說越來越常見，因此在聖派翠克節當天，人們也會特別擁抱愛爾蘭的民族身分。1852年，紐約的大主教表示，愛爾蘭人不只「珍惜愛爾蘭使徒聖派翠克的美好記憶，更將其宣揚，讓這些記憶彷彿有感染力一般擴散開來。」

感染力很快就傳播開來，到了二十世紀中期，聖派翠克節已經變成一切有關愛爾蘭事物的慶祝活動，並且在美國各地紮根。由於美國有大約四千萬人表示自己擁有愛爾蘭血統，因此聖派翠克節也成了一個大好機會，讓美國的政治人物對愛爾蘭裔族群示好。愛爾蘭移民長久以來飽受偏見歧視，到了二十世紀情況有所改變。

從前的招聘廣告往往對愛爾蘭人表示嫌惡，直白寫著「謝絕愛爾蘭人」；情況改變之後，愛爾蘭人的形象也轉為略帶正面、機智，不怕偶爾乾上一杯烈酒，這點也促使聖派翠克節成了玩樂狂歡的好理由。在愛爾蘭裔定居的城市中，不少愛爾蘭人成功攀上社會階層、提高社經地位，也進一步強化了愛爾蘭人勇敢、努力的黑馬形象。

根據一項估計，在都柏林的聖派翠克節可以帶來高達七千萬歐元（八千七百萬美元）收入。現在還有「綠動全球」的活動，也就是從中國的萬里長城到巴黎的艾菲爾鐵塔，世界各地的名勝地標都會打上綠色燈光。慶祝活動甚至曾在國際太空站上舉行。貿易代表團藉此談成商業交易，而官員政要則藉機放鬆一下，乾上幾杯健力士啤酒。酒吧熱鬧、遊行綿延，在這一天裡，狂歡者們向愛爾蘭舉杯，也向他們越來越國際化的聖人使徒派翠克致敬。

105 為什麼復活節的日期差這麼多？

復活節和其他的基督教節慶不同，每年的日期可以相差甚遠，有時甚至超過一個月。對西方教會而言，復活節會落在3月22日到4月25日之間；東方教會的復活節則在4月4日到5月8日之間。這回過頭來也決定了許多其他日期，包括不少國家的國定假日、學生假期和學期的起訖時間。為什麼復活節的日期差這麼多呢？在此先提醒，答案相當複雜且專門。

根據聖經記載，耶穌與眾使徒的最後晚餐時間是猶太教逾越節（Passover）的夜晚，接著在隔天死亡（聖週五，也就是受難日），然後在第三天復活（也就是兩天之後的星期日）。逾越節的起始點取決於春分後的第一次滿月，然而滿月有可能在一週的任何一天出現。為了確保復活節一定是星期日，西元325年，尼西亞公會議（Council of Nicaea）裁定復活節的時間為：春分當天或之後首次滿月以降的第一個星期日。但還有一個變數：如果滿月發生在星期日，那麼逾越節就會從星期日開始，此時復活節便會遞延一週到下週日，以確保復活節還是會在逾越節之後。

更複雜的是，尼西亞公會議當時將春分訂於3月21日，也就是西元325年春分發生的日期（通常春分發生於3月20日當天或前後），該會議還制定了一系列表格，說明什麼樣的滿月即便不盡符合天文學上的滿月，依然還是定義上的滿月（這也意味著，復活節其實可能出現在逾越節之前）。

復活節可能出現的最早日期條件為：當名義上的滿月恰好出現在3月21日，而該年的3月21日又正巧是星期六，如此一來，復活節就會是3月22日星期日。這種情況非常罕見，上一次出現是在1818年，下回則會發生在2285年。復活節可能出現的最晚日期條件是：當滿月出現在3月20日時，3月21日之後的首次滿月便會是二十九天之後（一個陰曆月），也就是4月18日；此時，如果4月18日是星期日，那麼星期日的特殊規則便能套用，於是復活節就會落在一週後的4月25日星期日。這情況上一次是發生在1943年，下一次出現則為2038年。因此，復活節可能的日期範圍前後長達三十五天，一切取決於滿月相對於3月21日的時間點。東方教會也採用同樣的基本規則，但使用的是舊儒略曆，儒略曆目前比格里曆慢了十三天，於是又造就了不同的可能日期範圍。這些都會導致問題。

人們提出了各種不同的建議，希望改變復活節日期的計算方式。在一場1997年阿勒坡的會議上，有好幾名教會代表建議，自2001年起應採行一套新制度，改成依據實際的天文觀察來決定春分和滿月日期，而非仰賴過去訂定的表格，這樣便能確保西方和東方教會的復活節會在同一天。但這項建議並未獲得採納。1928年，英國國會曾通過一條至今並未執行的法律，該法明訂復活節就是四月第二個星期六之後的那個星期日。

另一項建議則是明訂復活節為四月的第二個星期日。不少教會（包括天主教會）表示，對於這種制定復活節日期的想法他們都抱持開放態度，如此一來每年日期的差距就不會超過一週。然而除非取得普遍的共識，復活節的日期仍將持續多變，而且變化範圍長達五週之久。

106 為什麼歐洲人到了八月就懈怠？

你需要看牙醫、做工程，或者是買一條麵包嗎？如果你住在歐洲大陸，你就會曉得：在八月做以上任一項事情，通常都不是好主意。許多商家都會依循悠久的傳統，關上店面整整一個月的時間（不過有些人則會選擇七月），這樣做的商家多得讓人驚訝。

歐陸各地小型業者的網站，會以吊床和棕櫚樹的圖片做裝飾，祝福顧客假期愉快，並提醒他們九月再來光顧。在賽普勒斯的利馬索爾（Limassol），法蘭奇社交天地（Frankie's Social）這間酒吧的網站上寫著：「夏天近了，法蘭奇將會睡一段時間的午覺。」完全沒提到何時才會開張營業。為什麼歐洲人會在八月集體放假呢？

對許多歐洲人而言，夏天是要玩樂、不適合來工作的，這樣的想法似乎難以撼動。在傳統的製造產業裡，這種習慣尤其根深蒂固。在工業革命期間和之後的英格蘭北方，會有整座工廠的人同時前往同樣的海濱度假勝地。直到1980年代以前，德國車廠福斯（Volkswagen）都會在暑假起始之際租下多輛火車，將數千名義大利工人從工廠送回他們家鄉，工廠所在的狼堡（Wolfsburg）也頓時成為一座空城。其中一項原因在於，如果工人並未全員到齊，組裝線也無法順暢運作，讓所有工人同時休假是個合理的作法。此外，這也是工廠內部進行維修、更新等工作的好機會。

然而，在炎夏期間休工的作法早已遠遠普及於工業領域之外。餐廳和咖啡館比較難以套用同樣的邏輯，尤其以服務觀光客為主的業者。「我們一年裡的其他日子都營業，每週七天，所以這些假期是應得的。」麗塔・祖貝莉（Rita Zubelli）說。她在米蘭一間冰淇淋店工作，令人困惑的是，這間冰淇淋店歇業的時間正是最炎熱的盛夏。在這些產業裡，歇業的作法似乎基於習慣使然，再加上社會能接受，而非出於商業邏輯。

如果你是想吃冰淇淋的觀光客、想找水管工的在地居民，甚至只是想寫則報導的新聞記者，歐洲對夏天的態度都可能令你非常挫折。然而即便有這段假期（或者正因為想追求假期），歐洲人可謂全世界生產效率最高的勞工了。顧問公司Peakon的丹恩・羅傑斯（Dan Rogers）認為，員工在度假季節裡生產力會下滑，這可能就是採納歐式暑假的一項好理由。他以僱主的觀點表示：「如果你的員工生產力較差，而你的商業夥伴回覆效率又降低，那麼聰明的決策或許就是：讓店面暫時歇業吧。」

107 感恩節如何成為世俗的假期？

每年11月，上千萬美國人會在國內展開大遷移，以便和家人、親友一同度過感恩節。如果幸運一點，還會有火雞、南瓜派和各種美食佳餚等著。感恩節的故事源於美國傳說。1620年11月，一群英格蘭新教徒在麻州的科德角海灣（Cape Cod）上岸，早先他們在五月花號（Mayflower）船上已經待了兩個月。當地的萬帕諾亞格（Wampanoag）印第安人提供了物資補給和建議，藉由他們的幫助，新教徒度過了第一個拮据的冬天。隔年豐收之後，五十位新教徒與九十名印第安人舉行了火雞大餐來慶祝，之後的歷史發展我們都知道了。然而歷史總是摻雜著真真假假，感恩節當然也不例外。當今美國人慶祝感恩節的方式——一年一度的世俗活動——其實是十九世紀的產物。

這些新教徒是認真嚴謹的一群人，他們鮮少放假，也不允許慶祝耶誕節、復活節，或是任何聖人節日。相反地，這些新教徒過的是齋戒日或感恩節，這兩個節日據稱是為了回應特定事件，因此每年的情況都會不一樣。當時人們相信，齋戒能緩解即將到來的危機，比方乾旱或敵人入侵，感恩節則標誌著豐收或軍事上的勝利。這些活動的核心都是禱告。

證據顯示，1621年當時已有這樣的集會。這是出現在新教徒領袖愛德華·溫斯洛（Edward Winslow）的一封信中，相關敘述只有短短幾句：萬帕諾亞格印第安人會和他們的酋長一同現身，「一連三天，我們和他們一同吃喝玩樂。」

接下來幾年，新教徒沒再提及此一活動（這項活動本質並非感恩節，因為其中不包含禱告），而他們與印第安人的關係也快速惡化。短短的一個世代之後，雙方便開戰。新教徒獲得勝利，於1676年宣告感恩日，並陳列了印第安酋長之子遭刺穿的頭顱——根據一位新教徒的說法，這是「給野外住民吃的肉」。往後的兩百年裡，新英格蘭居民持續慶祝感恩日，同時也隨著他們往南、往西遷徙而將這套習俗傳播開來。

這個節日逐漸有了半制式的地位。大部分時候，感恩日都是以一種在地或者全州事務進行慶祝，並由部門首長、州長主持，慶祝的日期可能是十月、十一月、十二月，或者甚至是一月期間。當時在美國已經宣告了幾個國定假日：1789年，喬治·華盛頓（George Washington）創造了行憲紀念日；詹姆斯·麥迪遜（James Madison）則訂定了1812年戰爭結束的紀念日。然而真正將感恩節固定下來、成為全國年度節日的人，是一位努力不懈的作家，她的名字叫作莎拉·喬瑟法·赫爾（Sarah Josepha Hale）。

在前後二十年裡，她追求的理念是對秋收致上一種充滿愛國心的慶祝，期間她鮮少提及新教徒。她向總統、州長展開請願，在她頗受歡迎的女性期刊《格迪淑女雜誌》（Godey's Lady's Book）裡，她也撰寫社論與教化小說，藉此倡導自己的理念。在南北戰爭期間的1863年，她終於獲得了成功。當年年初，在聯邦軍取得蓋茨堡（Gettysburg）和維克斯堡（Vicksburg）之役的勝利之後，林肯總統宣布感恩節成為國定假日。1941年，美國國會將感恩節立法，日期為十一月的第四個星期四。

舉國慶祝感恩節也意味著：這個節日變得越來越世俗化。1878年，《紐約時報》（New York Times）就曾撰文抱怨，感恩節已經「喪失其嚴肅性，以及背後大部分的宗教意涵」。人們開始舉辦遊行，梅西百貨（Macy's）的感恩節遊行始於1924年。對赫爾而言，感恩節是「美國人民繁榮、幸福的最佳支柱」。在這天裡，人民慶祝豐衣足食，並且宣揚美國價值：愛國、為家付出以及辛勤工作。當年的新教徒大概認不太出來（而且八成還會否定）當今的慶祝活動，不過這也不重要，年輕國度難免需要一套建國的神話。

108 天氣、宗教信仰與日照時數如何影響耶誕音樂的聆聽習慣？

耶誕流行樂是一種獨樹一格的曲風，更是棵搖錢樹。截至2017年底，在音樂串流服務平台Spotify上，最熱門的前十三名耶誕歌曲總共播放了十億次。其中最受歡迎的是〈All I Want for Christmas Is You〉，全長十五分鐘，由瑪麗亞．凱莉（Mariah Carey）於1994年錄製。光是這首歌曲就包辦了兩億一千萬次的播放，自發行問世以來已經賺了超過六千萬美元的權利金。

即便在十二月期間無所不在，耶誕音樂的魅力卻十分因地而異。一份針對Spotify數據的分析，檢視橫跨三十五國與美國各州在2016年耶誕節前夕的播放情況。該分析顯示，瑞典和挪威的樂迷聆聽耶誕音樂的頻率最高，2016年12月期間，在他們每串流的六首歌曲當中，就有一首屬於節慶音樂（節慶音樂清單包括了一千五百多首耶誕歌曲，有英語版，也有在地語言版）。相反地，同一期間的巴西——巴西也有比例相當的基督教徒——只有一百五十分之一的歌曲呼應耶誕主題。美國各州的聆聽習慣也各異其趣，不過差異不大：在新罕布夏州，耶誕歌曲佔九分之一的串流音樂，而在內華達州，耶誕音樂是最少人聽的，比重只有二十分之一。

是什麼造成了Spotify用戶對耶誕音樂的偏好差異呢？日照時數、天氣和信仰虔誠的程度似乎是重要的驅動因子。如果先控制了若干因素，比方距離耶誕節剩多少時間，以及一週各天的差異——耶誕歌曲最熱門的時間是週末——接著我們就會發現，這些歌曲最受歡迎的地方，是那些日照時數最少、天氣最潮濕的國家。以北半球國家而言，黑夜每增加一小時，Spotify上聆聽耶誕歌曲的次數就會提高3%。天氣也會有所影響，雨天會增加耶誕歌曲播放次數0.5%。

在美國各州，聆聽耶誕歌曲的習慣也同樣各異其趣。黑夜每增加一小時，聆聽次數就上升1.5%，冷天氣也會使聆聽次數些微爬升。最明顯的增加則出現在下雪的時候，此時耶誕音樂的串流次數會增加2%。在信仰越虔誠的州——衡量方法是該州每週上教堂者的百分比——聆聽耶誕主題音樂的傾向也越高。

天氣和日照時數影響消費者行為並不令人意外。美國最大零售商沃爾瑪（Walmart）一直都知道，在颶風侵襲之前，草莓口味的零嘴Pop-Tarts銷售都會成長七倍。然而，日照、天氣和信仰虔誠度加總起來，只能夠解釋大約50%各國、各州之間的耶誕歌曲聆聽變異；剩下的另一半因素則不清楚。但對音樂產業而言，影響可清楚得很：下雨、降雪能刺激消費，因此可以提高權利金收入。如果十一、十二月是暖和的冬季，降雪天數比平均少了20%，那麼瑪麗亞・凱莉膾炙人口的歌曲權利金收入也會減一萬美元左右。毫無疑問，瑪麗亞．凱莉與其他耶誕歌曲創作者所夢想的，是一個雪白色的耶誕佳節。

耶誕的腳步近了

*每日耶誕歌曲串流佔所有音樂串流的百分比，2016年

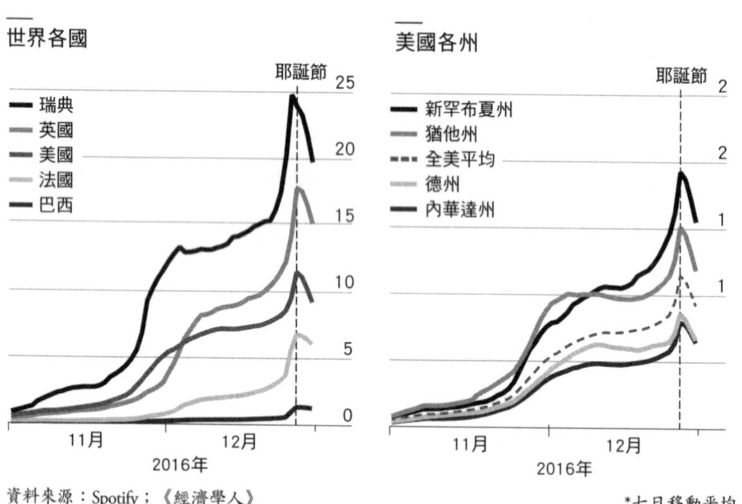

資料來源：Spotify；《經濟學人》

*七日移動平均

109 曾經喧鬧的耶誕嘉年華如何趨向平和？

以前從來不會有包裝精美的禮物，也沒有繽紛亮麗的耶誕樹或耶誕老人。在工業化之前的歐洲和美國，耶誕節和現代的版本大不相同。以往，酒醉者、變裝者和吵鬧的歌頌者會漫步街頭，酒館才是慶祝耶誕節的場所，不是家裡或教堂。「在耶誕節的十二天裡，人對耶穌的不敬遠勝於全年十二個月的加總。」休．拉蒂默（Hugh Latimer）曾經如此感嘆。他是愛德華六世（King Edward VI）的皇家牧師，生平年代為十六世紀中葉。大約兩百年以後，在大西洋另一端，一位清教徒牧師也公開譴責殖民地耶誕節期間「淫猥的玩樂」與「低俗的狂歡」。

這些疑慮如今看來都已不合時宜。到十九世紀末期，原本喧鬧、放肆的嘉年華已經變成了平和、以家庭為中心的節日，如同我們今天所知。這樣的改變是怎麼發生的呢？

在現代歐洲初期，也就是1500至1800年間，耶誕季節等同於農閒時刻，可以放縱一下。此時作物已收割完畢，動物也已屠宰（由於天氣冷，肉品不易腐壞）。當時的耶誕節慶祝活動就是大吃大喝、飲酒作樂，農民會前往鄰近士紳的住所，要求士紳提供食物。有一首飲酒歌描述得很傳神：「如果你不打開大門／我們就讓你躺在地上。」大部分時候，士紳都會以幽默的態度容忍——這是一種儀式性的顛覆，讓社會階層暫時反轉，然而並非所有人都有容乃大。

殖民時期的麻州，清教徒曾於1659至1681年間禁過耶誕節，他們將這天從年曆中移除，違規狂歡者恐遭罰款五先令。但禁令維持不久，取而代之的是致力讓耶誕節變得較為平和，人們提議不宜過度慶祝。1761年，一位年曆編寫者就曾警告：「溫和者得享受最多的喜樂／因為騷亂會麻痺、搞壞胃口。」即便如此，耶誕仍舊是個公眾節慶，依然是在酒館或街頭慶賀，少不了酒精助興。

情況很快有了改變。十九世紀初期，城市開始擴張，吸納持續增加的工廠勞工。都會區貧困、無家可歸的情況日益普及，成群醉漢遊蕩街頭，耶誕節的喧鬧時而演變成暴力相向。毫無意外，上流階層認為節慶已構成威脅。史蒂芬．尼森鮑姆（Stephen Nissenbaum）是一位歷史學家，在針對耶誕節的研究中，他認為這個節日之所以重塑成家庭活動，有一群貴族作家與主筆功不可沒。他們重塑了歐洲的各項傳統，比方德國的聖誕樹，或是英格蘭的耶誕禮物盒——英格蘭富人會將現金或多餘的食物放在裡頭，送給他們的僕傭。於是，聖尼古拉（St Nicholas）——或說是耶誕老人，而聖尼古拉節也適逢耶誕季節——成為耶誕節的吉祥物。

克萊門特．克拉克．摩爾（Clement Clarke Moore）的

詩《聖尼古拉到訪》（A Visit From St Nicholas）出版於1823年，這首詩讓聖尼古拉的形象鮮明普及。在詩中，笑呵呵的耶誕老人乘著馴鹿雪橇到來，在耶誕夜裡分送孩子們驚喜的禮物。當時的報紙也插了一腳，「讓我們遠離酒館、酒吧幾天吧！」1839年的《紐約先鋒報》（New York Herald）如此建議。該報還主張，應該要把重點放在「家中的壁爐邊，關注賢慧的妻子，以及純真、歡笑又快樂的孩子們」。

這是中產階級價值的成功，也是店家業者的一大勝利。1908年的一份零售雜誌如此寫道：「耶誕節是商人的收穫季，就看商人本身有能力收割多少錢財嘍。」沒多久，這種看待耶誕節的新觀點也成為被批評的對象，人們說這種作法既膚淺又商業掛帥。儘管如此，新觀點仍舊延續至今。耶誕節快樂！

銘謝

本書編輯要感謝內文的作者與資料記者們。他們打造出各篇解事型文章與相對應的圖表，奠定了本書的基礎：

Ryan Avent、Memphis Barker、Ananyo Bhattacharya、Jennifer Brown、Will Brown、Joel Budd、Geoffrey Carr、Slavea Chankova、Amanda Coletta、Tim Cross、Josie Delap、Graham Douglas、Doug Dowson、Matthieu Favas、Glenn Fleishman、James Fransham、Tom Gardner、Hallie Golden、Lane Greene、Melissa Heikkila、Hal Hodson、Charlotte Howard、Miranda Johnson、Tim Judah、Abhishek Kumar、Soumaya Keynes、Jack Lahart、Ana Lankes、Sarah Leo、Rachel Lloyd、David McKelvey、Matt McLean、Adam Meara、Sacha Nauta、John O'Sullivan、John Parker、Lloyd Parker、Ted Plafker、Stanley Pignal、Simon Rabinovitch、Adam Roberts、Jonathan Rosenthal、Rachel Savage、Guy Scriven、Alex Selby-Boothroyd、Jane Shaw、Rachana Shanbogue、Ludwig Siegele、Adam Smith、James Tozer、Henry Tricks、Andrea Valentino、Vendeline von Bredow、Tom Wainwright、Kennett Werner、Eleanor Whitehead、Callum Williams、Sam Winter Levy、

Simon Wright、Pip Wroe和Wade Zhou。

如果想閱讀更多《經濟學人》的解釋型文章與圖表，請上：economist.com。

新商業周刊叢書　BW0710

經濟學人109個世界常識
藏在5G通訊、表情符號和酒杯尺寸背後的祕密

原文書名／Seriously Curious: The Facts and Figures that Turn Our World Upside Down
作　　者／湯姆．斯丹迪奇（Tom Standage）
譯　　者／林麗冠、范堯寬
責任編輯／李皓歆
企劃選書／黃鈺雯
版　　權／黃淑敏
行銷業務／莊英傑、周佑潔

國家圖書館出版品預行編目(CIP)數據

經濟學人109個世界常識 : 藏在5G通訊、表情符號和酒杯尺寸背後的祕密 / 湯姆.斯丹迪奇(Tom Standage)著；林麗冠，范堯寬譯. -- 初版. -- 臺北市 : 商周出版 : 家庭傳媒城邦分公司發行, 2019.05
面；　公分
譯自 : Seriously curious : the facts and figures that turn our world upside down
ISBN 978-986-477-655-9(平裝)

1.常識手冊

046　　108005592

總 編 輯／陳美靜
總 經 理／彭之琬
事業群總經理／黃淑貞
發 行 人／何飛鵬
法律顧問／元禾法律事務所　王子文律師
出　　版／商周出版　台北市中山區民生東路二段141號9樓
電話：(02)2500-7008　傳真：(02)2500-7759
E-mail：bwp.service@cite.com.tw
發　　行／英屬蓋曼群島商家庭傳媒股份有限公司　城邦分公司
台北市104民生東路二段141號2樓
讀者服務專線：0800-020-299　24小時傳真服務：(02) 2517-0999
讀者服務信箱E-mail: cs@cite.com.tw
劃撥帳號：19833503　戶名：英屬蓋曼群島商家庭傳媒股份有限公司城邦分公司
訂購服務／書虫股份有限公司客服專線：(02) 2500-7718；2500-7719
服務時間：週一至週五上午09:30-12:00；下午13:30-17:00
24小時傳真專線：(02) 2500-1990；2500-1991
劃撥帳號：19863813　戶名：書虫股份有限公司
E-mail: service@readingclub.com.tw
香港發行所／城邦(香港)出版集團有限公司
香港灣仔駱克道193號東超商業中心1樓
電話：(825)2508-6231　傳真：(852)2578-9337
E-mail：hkcite@biznetvigator.com
馬新發行所／城邦(馬新)出版集團
Cite (M) Sdn Bhd
41, Jalan Radin Anum, Bandar Baru Sri Petaling, 57000 Kuala Lumpur, Malaysia.
電話：(603) 9057-8822　傳真：(603) 9057-6622　E-mail: cite@cite.com.my

封面設計／廖韡　美術編輯／簡至成　印刷／韋懋實業有限公司
經 銷 商／聯合發行股份有限公司　電話：(02)2917-8022　傳真：(02) 2911-0053
地址：新北市231新店區寶橋路235巷6弄6號2樓

ISBN／978-986-477-655-9
定價／370元

城邦讀書花園
www.cite.com.tw

2019年05月02日初版1刷
2020年07月02日初版2.9刷
Seriously Curious: The Facts and Figures that Turn Our World Upside Down

廣　告　回　函
北區郵政管理登記證
台北廣字第 **000791** 號
郵資已付，免貼郵票

104 台北市民生東路二段 141 號 9F

英屬蓋曼群島商家庭傳媒股份有限公司

城邦分公司

請沿虛線對摺，謝謝！

書號：BW0710	**書名**：經濟學人 109 個世界常識：藏在 5G 通訊、表情符號和酒杯尺寸背後的祕密	**編碼**：

請於此處用膠水黏貼

讀者回函卡

謝謝您購買我們出版的書籍！請費心填寫此回函卡，我們將不定期寄上城邦集團最新的出版訊息。

姓名：________________　　性別：□男　□女

生日：西元________年________月________日

地址：________________

聯絡電話：________________　傳真：________________

E-mail：________________

學歷：□ 1. 小學　□ 2. 國中　□ 3. 高中　□ 4. 大專　□ 5. 研究所以上

職業：□ 1. 學生　□ 2. 軍公教　□ 3. 服務　□ 4. 金融　□ 5. 製造　□ 6. 資訊

□ 7. 傳播　□ 8. 自由業　□ 9. 農漁牧　□ 10. 家管　□ 11. 退休

□ 12. 其他________________

您從何種方式得知本書消息？

□ 1. 書店　□ 2. 網路　□ 3. 報紙　□ 4. 雜誌　□ 5. 廣播　□ 6. 電視

□ 7. 親友推薦　□ 8. 其他________________

您通常以何種方式購書？

□ 1. 書店　□ 2. 網路　□ 3. 傳真訂購　□ 4. 郵局劃撥　□ 5. 其他____

對我們的建議：________________

【為提供訂購、行銷、客戶管理或其他合於營業登記項目或章程所定業務之目的，城邦出版人集團（即英屬蓋曼群島商家庭傳媒（股）公司城邦分公司、城邦文化事業（股）公司），於本集團之營運期間及地區內，將以電郵、傳真、電話、簡訊、郵寄或其他公告方式利用您提供之資料（資料類別：C001、C002、C003、C011等）。利用對象除本集團外，亦可能包括相關服務的協力機構。如您有依個資法第三條或其他需服務之處，得致電本公司客服中心電話02-25007718請求協助。相關資料如為非必要項目，不提供亦不影響您的權益。】

1. C001 辨識個人者：如消費者之姓名、地址、電話、電子郵件等資訊。
2. C002 辨識財務者：如信 用卡或轉帳帳戶資訊。
3. C003 政府資料中之辨識者：如身份證字號或護照號碼（外國人）。
4. C011 個人描述：如性別、國籍、出生年月日。

請於此處用膠水黏貼